MIT KAMERA UND KUGELSICHERER WESTE

Ursula Meissner

MIT KAMERA UND KUGELSICHERER WESTE

Der ungewöhnliche Alltag
einer Kriegsfotografin

Unter Mitarbeit von
Heinz Metlitzky

Eichborn.

Sarajewo
Alltag einer Fotojournalistin

Ich bin sehr glücklich an diesem Tag. Wahrscheinlich kann ich ungewöhnliche Aufnahmen von Vedran, dem Cellisten, machen. Einem Symbol des belagerten Sarajewo. Es ist so, wie man es sich als Fotojournalist im Idealfall wünscht, weil alles zusammenpaßt. Da dicker Nebel die Sicht auf 50 Meter begrenzt, kann der Musiker vor einer kinohaften Kulisse aus verglühten Eisenträgern und zerfetzten Ziegeln im ehemaligen Gewerbegebiet unweit der Frontlinie spielen. Sonst würden serbische Scharfschützen ihn und selbstverständlich mich, die noch weniger zu übersehen ist, weil sie sich ständig bewegt, genüßlich mit ihren Zielfernrohren anvisieren.

Die beißende Kälte zwingt Vedran, einen sonst eher hemdsärmeligen Kerl, sich fotogen mit einem dicken braunen Wollmantel und einem weißen Schal vor dem Frost zu schützen. Die Ruinenlandschaft ist mit Schnee überzuckert. Mit klamm-roten Fingern entfacht Vedran seinem Cello hingebungsvoll den Beatles-Song »Yesterday, all my troubles seemed so far away«. Ob die Serben tatsächlich schießen würden, wenn sie diese Melodie hören könnten? Seine Mimik wirkt so entrückt, als ob er vergessen hätte, wo er spielt.

Sein Bruder war im Mai mit 17 anderen Männern, Frauen und Kindern bei der Explosion einer Granate vor einer Bäckerei in der Innenstadt umgekommen. Er hatte wie üblich stundenlang um Brot angestanden. Vedran hatte gehofft, mit täglichen Konzerten am Ort des Grauens einen winzigen Beitrag dazu leisten zu können, daß die große Politik an ihre Verantwortung für das Morden in Bosnien erinnert würde. Seine Adagios fanden tatsächlich sogar über Live-Fernsehen den Weg in viele Länder der Erde. Damals war ich noch nicht auf dem Balkan unterwegs.

Es wird weiter gemordet. Im belagerten Sarajewo sterben Frauen und Kinder. Vom Cellisten hat man monatelang nichts mehr gehört. Jetzt werden neue Aufnahmen von ihm angemahnt. Wer ihn sucht, findet ihn verbittert in einer ungeheizten, fast qualvoll engen Zweizimmerwohnung in einem trostlosen Mietshaus in der Innenstadt. Er schaut unendlich traurig und fragt mich auch nicht nach Zigaretten, die ich für ihn dabeihabe. Er will wissen: »Weißt du vielleicht, warum die da draußen in der Welt uns nicht helfen wollen?« Ich versuche, ihn mit einer recht banalen Weisheit zu trösten, an der ich mich selbst festhalte, seit ich in Sarajewo bin. Daß die Mühlen der Politik eben oft besonders langsam mahlen. In der Zwischenzeit muß man der Außenwelt so oft wie möglich vor Augen führen, was hier Entsetzliches geschieht. Vedran mahnt mit seiner Musik. Ich versuche es, wenn auch bescheiden, mit meinen Bildern. Schließlich haben Fotos und Fernsehaufnahmen aus Vietnam dazu geführt, daß eine aufgeschreckte amerikanische Öffentlichkeit von ihrer Regierung ein Ende des Krieges erzwang. Ich bin fest davon überzeugt, daß die Europäer das, was hier geschieht, auf die Dauer ebenfalls nicht hinnehmen werden. Die neuen Fotos von Vedran in den Ruinen sind so ergreifend, daß man sie nicht einfach betrachten und wieder vergessen kann. Mancher Gedanke zur Jahreswende 1992/93 wird auch dem belagerten Sarajewo gelten. Das macht mich sehr glücklich an diesem Tag.

Aber – warum bin ich nach Sarajewo gekommen? Hätte ich mich nicht nach all den Reisen und Auslandsaufenthalten in meiner rheinhessischen Heimat mit Aufnahmen von Weinköniginnen zufriedengeben können? Oder meinen Ehrgeiz darauf verschwenden sollen, den Mainzer Karneval mit anheimelnden

Fotografien von populären Prinzen noch populärer zu machen, als er es ohnehin ist?

Nach Sarajewo kam ich durch meinen Mann Heinz Metlitzky. Als Auslandskorrespondent des ZDF hatte er fast drei Jahrzehnte hindurch aus Krisengebieten in Osteuropa und aus dem Nahen und dem Fernen Osten berichtet. Nun gab man ihm zu guter Letzt die Chance, seine Erfahrungen als politischer Fernsehjournalist auf dem Balkan zu nutzen. Er hatte es nicht für möglich gehalten, daß Westeuropa der blutigen Auflösung von Titos Jugoslawien tatenlos zusehen würde. Ihm blieb auch unverständlich, warum die Bundesregierung die widerstrebenden Franzosen und Engländer drängte, ein selbständiges, undemokratisches Kroatien so rasch wie möglich anzuerkennen. Was einerseits, wie er süffisant bemerkte, dazu führte, daß die Kroaten manche ihrer Restaurants in Café Genscher umbenannten, andererseits aber den Krieg mit den Serben beschleunigte. Aufregende Monate, vielleicht Jahre standen auf dem Balkan bevor. Sarajewo war für alle dort tätigen Fernsehteams nicht nur wegen seiner günstigen Lage der geeignete Stützpunkt. Seit der Winterolympiade 1984 verfügte das Fernsehen in Bosniens Hauptstadt über modernste Technik. Sie war nicht zerstört worden. Vor allem aber ermöglichten die Bosnier, im Gegensatz zu den Serben, eine freie, ungehinderte Berichterstattung. Nicht zuletzt sprach für Sarajewo, daß dort die UNO-Truppen ihr Hauptquartier aufgeschlagen hatten.

Heinz Metlitzky riet mir, zunächst für ein paar Wochen nach Sarajewo zu kommen. Meine Fotografie würde dort bestimmt einen neuen Sinn bekommen. In der belagerten Stadt würde ich bald herausfinden, was ich eigentlich mit der Kamera festhalten wollte. Ob es mich statt gefälliger Aufnahmen von Mode oder Blumen mehr faszinierte, unter widrigen Umständen das Leid der Menschen im Krieg zu dokumentieren, damit es nicht vergessen wird. Insbesondere das Schicksal der Kinder.

Was ich über die äußeren Umstände eines Aufenthalts in Sarajewo erfahre, ist nicht gerade dazu angetan, mich zu ermuntern. Der Winter wird sehr kalt sein. Die Menschen frieren und hungern – oft genug auch die Journalisten. Keine Elektrizität, Wasser wird von Zapfstellen mit Eimern in die Häuser gebracht. Keine Restaurants, keine Cafés. Nichts, aber auch gar nichts, was zu den gewohnten Annehmlichkeiten unseres Alltags gehört. Und das so nah. Nicht irgendwo in Afrika oder einem anderen Kontinent. Vor allem aber, es wird trotz Waffenruhe weiter geschossen. Fotografieren ist in der belagerten Stadt nicht ungefährlich. Schon vor der Reise nach Sarajewo weiß ich eines sicher. Viele Gespräche mit erfahrenen Kolleginnen und Kollegen und eigene Erlebnisse in Krisengebieten haben mich das gelehrt: Ich fürchte mich zwar nicht davor, aus einem Krisengebiet zu berichten. Selbst dann nicht, wenn das allgemeine Risiko schon an sich sehr hoch ist. Aber ich eigne mich nicht zur Kriegsberichterstatterin, die versucht, fliegende Kugeln zu fotografieren. Ich will nicht auf einem Panzer sitzen und die Kamera zücken, wenn geschossen wird. Ich will nicht in einem Schützengraben neben Soldaten liegen und womöglich mit ihnen zum Angriff nach vorne stürmen. Ich weiß, in Krisengebieten werde ich zwangsläufig in Situationen geraten, die einem Fronteinsatz ähnlich sind. Doch es macht meiner Meinung nach einen Unterschied, ob ich ohne mein Zutun plötzlich in die Rolle des Kriegsberichterstatters gedrängt werde. Oder ob ich von vorneherein bewußt die Gefahr suche, weil sie vielleicht ganz besondere Fotos birgt. Jedenfalls habe ich noch nicht vor zu sterben, als ich mit einer Transall der Bundeswehr von Italien aus ins belagerte Sarajewo fliege. Zum ersten Mal wird mir in diesem Moment ein wenig bange, wenn ich mögliche Konsequenzen bedenke. Aber zum Umkehren ist es nun definitiv zu spät.

Der ungewohnte Stahlhelm und die enge, kugelsichere Weste

kommen mir mit einem Mal nicht mehr lächerlich vor, als ich mir die Mahnung des fröhlichen Unteroffiziers durch den Kopf gehen lasse: »Das ist nur zu Ihrem Schutz. Drüben wird noch geschossen. Vielleicht sogar auf Ihr Flugzeug, wenn Sie gerade landen.« Die martialischen Kleidungsstücke hatte der Beauftragte der Luftwaffe allen Passagieren auf dem NATO-Flughafen in Falconara vor dem Aufbruch nach Sarajewo angepaßt. Dazu verteilte er Oropax.

Die Frage, ob die Serben wirklich so laut schießen, fand er nicht lustig. Tatsächlich dröhnen die Motoren der Transall-Transportmaschinen so laut, daß Ohrenschäden möglich sind. In der Regel wird nur Nachschub befördert. Eine Unterhaltung mit Soldaten neben mir, die diese Strecke öfters fliegen, ist unmöglich. Wir sitzen auch nicht auf Polstern, die vielleicht ein wenig Schall schlucken könnten, sondern auf mit Leinwand bespannten Aluminiumgestellen an der Längsseite der Maschine. Die Adria lassen wir rasch hinter uns. Dann rollen wir auch schon auf dem Flugplatz von Sarajewo aus. Im Blickfeld der schmalen Kabinenluke erscheinen Panzer, Sandsäcke und Soldaten mit schußbereiten Waffen. Heinz Metlitzky, ebenfalls in Stahlhelm und Kugelweste, erkenne ich daran, daß er mir aufgeregt winkt. Es gibt keine Begrüßung. Nur ein »Hast du alles? Wie gut, daß der Helm die blonden Haare nicht verdeckt!«

Dann schleust er mich eilig an französischem Militär neben Sandsackbarrieren und Stacheldrahtverhauen vorbei zu einem klapprigen Kleinbus mit dem Zeichen »TV«. Alles geht sehr schnell. Fast beiläufig erfahre ich: »Du mußt deine Kamera im Auto fertig machen. Du bekommst jetzt gleich, wenn wir aussteigen, gute Bilder. Wir dürfen mit der UNO in einem Hilfstransport nach Dobrynia fahren.«

Als Nachsatz, mit erhobenem Zeigefinger: »Ach so, die Bunker an der Straße darfst du auf gar keinen Fall durch das Autofenster aufnehmen. Versuch es bitte auch nicht mit versteckter Kamera. Die Serben würden garantiert auf uns schießen. Ich weiß ohnehin nicht, ob sie uns durchlassen. Die sehen ja, daß wir nicht von der UNO sind.«

Wie gut, daß ich die Kamera schon in Italien vorbereitet hatte. Dobrynia – was ist das? Bunker – wo? Ah, da sind ja schon die ersten, ganz nahe, zwischen Hausruinen eingegraben. Mit Moos und Gras getarnt. Daneben finstere Gestalten mit Maschinenpistolen. Schade, das wären gute Fotos. Aber jetzt weiß ich, warum es in Deutschland solche Aufnahmen nicht gibt. Wieder Stacheldraht. Männer mit Handgranaten. Unmißverständlich, daß das hier keine Übung ist, stecken andere ihre Gewehrläufe aus den Sehschlitzen der Bunker in Richtung Straße. Mir kommt es so vor, als kann ich den Tod riechen, dessen Geruch plötzlich über allem hier zu liegen scheint.

Wahrscheinlich bin ich leichenblaß. Eben noch habe ich auf der sonnigen Piazza in Falconara Espresso getrunken, einen letzten Campari genossen. Und jetzt auf einmal das.

Der Kameramann am Steuer versucht, sich so dicht wie möglich hinter dem letzten Panzer der UNO-Kolonne zu halten. Der serbische Assistent wedelt mit eindrucksvollen Papieren, sobald wir an Sperren der Serben kommen und das Fenster herunterlassen. Wir haben Glück. Sie lassen uns passieren.

Sarajewos Vorort Dobrynia, das erzählt der Assistent, weil er merkt, wie nervös ich bin, ist eine Siedlung, in der vor dem Krieg etwa 50.000 Menschen lebten. Es war ein Neubaugebiet in Flughafennähe, ähnlich den bevorzugten sozialistischen Siedlungen Ostberlins. Manche erinnern sich vielleicht, daß Dobrynia 1984 bei den internationalen Winterspielen zum Olympischen Dorf bestimmt wurde. Vor einem halben Jahr kesselten die Serben dieses Dobrynia ein. Selbst die UNO darf nur nach einem jeweils besonders auszuhandelnden Waffenstillstand passieren. »Macht die UNO das einfach mit?« frage ich naiv. Der Assistent schaut mich an, als ob ich einen schlechten Witz gemacht hätte.

Olympisches Dorf Dobrynia – das ist lange her. Überall Kampfspuren, überall Ruinen. Sogar Schützengräben entdecke ich. Von den LKWs der UNO werden Mehlsäcke in ein Depot abgeladen. Männer halten Wache, daneben weinende Frauen. Kinder staunen. Sie greifen ungläubig nach der Schokolade, die französische Soldaten verteilen. Auf den Stufen eines Hauseingangs fällt mir eine Gruppe Jugendlicher auf, die stumm und fast verächtlich auf diese Szene schauen. Sie sehen aus wie junge Leute bei uns, tragen Jeans und kurze T-Shirts mit Aufdrucken, die ich nicht entziffern kann. Etwas fällt mir jedoch auf. Sie sind sehr blaß, als ob sie im Keller wohnen. Eine Brünette spricht mich auf englisch an. Sie hat verträumte braune Augen und ist gerade 16 Jahre alt. Die anderen sind 17, 18. Warum freuen sie sich nicht, daß es vielleicht schon morgen mehr Brot zu essen gibt?

Das scheint auf sie zu wirken, als ob ich sie gefragt hätte, warum sie sich keinen Lippenstift kauft. Sie vergewissert sich erst, ob ich das mit dem Brot ernst gemeint habe. Dann sagt sie empört: »Wir brauchen doch kein Mehl, sondern Munition und Waffen.«

Sie übersetzt für ihre Freunde. Die schauen mich ebenso entgeistert an. Damit ich begreife, wie die Lage in Dobrynia ist, führt sie mich eilig im Ort herum. Sie weiß, wir haben nicht viel Zeit. Denn wenn das Mehl abgeladen ist, wird bald darauf wieder geschossen. Inzwischen habe ich ihr erzählt, daß ich gerade erst in Sarajewo angekommen bin. Also führt sie mich auf eine große Wiese zwischen bewohnten Häusern. Da stehen Holzkreuze. Daneben werden flache Gruben wie Kartoffelmieten ausgehoben. Unsere Helden, rühmt die Kleine. »Fast täglich kommt einer dazu.«

Sie stellt mich einer Familie vor, die während der Feuerpause im Wohnzimmer mal wieder nach dem Rechten schaut. Sonst verbringen sie die meiste Zeit im Keller. In Kellern sind in Dobrynia auch die Schulklassen untergebracht. Weil das Mehl angekommen ist, haben die Kinder schulfrei bekommen. Not macht erfinderisch. In solchen Situationen wird einem vor Augen geführt, wieviel Weisheit in alten Sprichwörtern steckt.

Dobrynia grenzt unmittelbar an die Flughafenlandebahn. Auf der anderen Seite sind keine Serben. Dort ist von den Bosniern kontrolliertes Gebiet. Von ihren Kellern aus graben Männer erst einen, dann noch einen zweiten Tunnel unter der Landebahn hindurch zu ihren Freunden. Wie Maulwürfe kommen sie sich vor, weil sie die Erde mit runden Schaufeln wegschaffen. Spektakuläre, verdächtige Erdhügel am Tunneleingang entstehen nicht. Es gibt genügend Ruinen, wo man die Erde abladen kann. In einen Tunnel werden sogar kleine Gleise gelegt, auf denen später Miniaturwagen made in Dobrynia fahren. Bis zuletzt gelingt es den Bosniern, ihre Tunnel geheimzuhalten. Ehemänner, die am Tunnel beschäftigt sind, dürfen nicht einmal ihren Frauen davon etwas sagen.

Unweit der frischen Gräber lungert zwischen zerstörten Häusern eine Gruppe junger, schwarz gekleideter Männer herum. Sie scheinen gerade nichts zu tun zu haben, spielen mit offensichtlich neuen Gewehren mit aufgeschraubten Zielfernrohren. Ich erkenne das, weil mein Vater als Jäger ein ähnliches Gewehr besitzt. Manche haben ihre Gewehre keß über die Schulter geworfen. »Unsere Schützen«, sagt meine Begleiterin stolz. Das muß ich erst einmal verdauen. Bislang hatte ich nur von serbischen Scharfschützen als den Alptraum von Sarajewo gelesen. Meine Begleiterin scherzt mit ihnen. Eigentlich lassen sich diese Männer weder filmen noch fotografieren, erfahre ich von ihr. Doch weil ich eine Frau bin, wollen sie eine Ausnahme machen. Das sei sehr ungewöhnlich, und ich sollte es zu schätzen wissen.

Schießen sie von Dobrynia aus auch auf serbische Zivilisten, wie die Serben es bei den Bosniern machen? Wer könne denn schon genau sagen, ob ein Zivilist, sei es Mann oder Frau, bei denen da drüben nicht zur Miliz gehört, werde ich von einem belehrt, der sich als Anführer zu erkennen gibt. Er will mir durch das Zielfernrohr die Serben drüben vorführen. Das Gewehr sei nicht schwer. Ich lehne dankend ab. Vielleicht zeige ich beim Gespräch zu deutlich, daß ich nicht verstehe, warum sie auf Zivilisten schießen. Mir wird versichert: »Aber auf Journalisten schießen wir nicht!« Als ob wir Plakate mit unserer Berufsbezeichnung tragen oder mit farbigen Jacken gekennzeichnet sind. Zum Abschied wünschen sie mir alles Gute. Ich bringe nur ein »Ciao« heraus.

Einige Leute rufen, das Mehl sei abgeladen. Ich vermag es nicht, eine Frau mit einem Baby auf dem Arm einfach stehenzulassen, die mir etwas sagen will. »Stellen Sie sich vor«, übersetzt meine Begleiterin, »mein Baby sieht nach zwei Wochen zum ersten Mal die Sonne. Immer müssen wir in dem muffigen Keller bleiben, weil man nie weiß, wann oben wieder geschossen wird. Ich hasse diesen Krieg.«

So meine das die Frau nicht, beschwichtigt sofort meine 16jährige Dolmetscherin. Alle hassen die Serben, nicht den Krieg.

Dobrynia, das stellt sich bald heraus, ist nur ein kleiner Vorgeschmack auf das, was mich in Sarajewo erwartet. Ich werde von nun an im Fernsehgebäude wohnen, an der Ausfallstraße, die auch zum Flughafen führt. Die Adresse wurde früher ganz zivil als »Straße der 47. Brigade« angegeben. Diese hat irgendwann Tag und Nacht geschuftet, um die breite Straße rechtzeitig für die Winterolympiade zu vollenden. Wer heute nach dem Fernsehgebäude fragt, dem wird bedeutet, daß es an der Allee der Scharfschützen liegt, an der Sniper Alley, weil die Serben mit ihren Zielfernrohren von einer Seite aus die breite Chaussee ständig beschießen. »Wollen Sie da wirklich hin?« gehört mittlerweile zur Adressenauskunft.

Das Fernsehgebäude ist ein langgestreckter, nur wenige Stockwerke hoher Kasten, es war wohl nie sonderlich attraktiv. Seit die Serben gleich zu Beginn des Krieges einen Flügel des Gebäudes mit ihrer Artillerie zerstört haben, wirkt es noch trostloser. Obwohl die Kämpfe offiziell beendet sind, fallen immer wieder in der Nähe Geschosse herunter oder treffen unversehens das Gebäude. Es schert die Serben wenig, daß nicht weit vom Fernsehen inzwischen die Truppen der Vereinten Nationen ihr Hauptquartier aufgeschlagen haben. Jene UNO-Soldaten, die eine Waffenruhe garantieren sollen. Sie schützen sich zwangsläufig mit Sandsackbarrikaden. Nicht die Nähe der UNO, die Geographie Sarajewos kommt dem Fernsehen in diesen Tagen zustatten. Die Serben beherrschen die Höhen Sarajewos nur im Süden der Stadt. Von dort schießen sie. Als ob die Stadtplaner geahnt hätten, wofür das gut sein könnte, haben sie gegenüber dem Fernsehgebäude an der Allee eine Wohnsiedlung mit hohen Häusern eingeplant. Die machen es den Serben schwer, die Fernsehleute präzise zu treffen. Es gibt viele tote Winkel. Die Scharfschützen auf den Höhen haben immerhin erreicht, daß das Fernsehen jene Räume nicht mehr nutzen kann, die zur Brigadenstraße hin ausgerichtet sind. Der Haupteingang vorne liegt in einem toten Winkel. Wirklich sicher ist aber nur die Rückseite des Gebäudes. Relativ sicher sind auch Räume im Innern.

Zusammen mit Heinz Metlitzky bin ich in einer fensterlosen, unbeheizten, mit Kerzen spärlich erleuchteten Kammer untergekommen. Schlafsäcke ersetzen die Betten. Die Kammer war vorher irgendein Abstellraum. Den Kollegen aus den USA, aus England, Frankreich, Italien oder Friedhelm Brebeck von der ARD ergeht es nicht viel besser.

Dennoch sind diese Notquartiere heiß begehrt. Schließlich ist die UNO gleich nebenan, wo Offiziere bei täglichen Pressekonferenzen über die neueste Lage berichten. Von der UNO aus kann man als Journalist gelegentlich auch im Panzerwagen zum Flughafen fahren. Fernsehkorrespondenten schlafen überdies im Fernsehgebäude unmittelbar neben ihrer Arbeitsstätte, von der aus sie live in die ganze Welt senden können. Eine zweite Anlaufstelle für Journalisten aus aller Welt, aber auch für Diplomaten und Vertreter von Hilfsorganisationen, ist das Hotel Inter-Continental. Es liegt viel weiter stadteinwärts immer noch an der Scharfschützenallee. Anders als beim Fernsehgebäude haben die Stadtplaner hier versagt. Ohne Mietskasernen gegenüber, ungeschützt von anderen Häusern, bietet sich das Hotel den Snipern als prächtige Zielscheibe dar. Seine Frontseite haben die Serben völlig zerschossen. Der zerstörte Haupteingang ist verrammelt, damit niemand auf die Idee kommt, ihn aus Versehen anzusteuern. Das könnte ihn das Leben kosten. In manchen Zimmern des Hotels kann man aber tatsächlich noch nächtigen. Mit Zimmerservice-Selbstbedienung. Freilich ohne strahlendweiße Bettwäsche und ohne fließendes Wasser. Im rückwärtigen Teil des Inter-Conti werden sogar mittags warme Mahlzeiten serviert. Man betritt dazu das Hotel durch die Hintertür wie früher die Müllabholer.

Ich erinnere mich gut, wie ich bei meiner ersten Hotelvisite an einer Seitenwand entlangschlich. Ich kam mir vor wie ein Einbrecher. Ein Minister der provisorischen bosnischen Regierung nahm mich schließlich mitleidig an die Hand und führte mich auf den rechten Pfad. Das halbzerstörte Hotel diente als Gästehaus der Regierung. Sonst hätte man es gewiß längst geschlossen.

Tief im Innern des Fernsehgebäudes produzieren die Bosnier fast wie gewohnt Fernseh- und Rundfunkprogramme. Mit Notstromaggregaten. Die für hiesige Begriffe hypermoderne Technik, vor einem Jahrzehnt von Belgrad für die Winterolympiade als Prestigeobjekt gefördert, entpuppt sich als äußerst segensreich im Medienkrieg gegen die Serben. Wer aus der Innenstadt zum Fernsehen fährt und die Allee der Scharfschützen benutzt, rast in der Regel, als bereite er sich auf ein Formel-I-Rennen mit Michael Schumacher vor. Die meisten Besucher ziehen jedoch rückwärtige Straßen vor. Auf diesen Straßen werden auch die Mitarbeiter des Fernsehens in Kleinbussen von und zu ihren Wohnvierteln befördert. Doch nur, wenn sie weit entfernt wohnen. Alle anderen müssen laufen. Benzin ist schließlich kostbar. Die Fußgänger können sich sicher fühlen. Wo die Serben freies Schußfeld hätten, weil Lücken zwischen den Häusern sind, wurden zerschossene Straßenbahnen, ausgebrannte PKWs, Häusertrümmer, Sandsäcke, Balken und sogar schrottreife Kinderwagen zu einem Schutzwall aufgetürmt, der vor Kugeln schützen soll. Kriegsmüll ist in Sarajewo nicht überflüssig.

Es gehört sich meiner Meinung nach, selbst unter ungewöhnlichen Umständen sich bei seinem Gastgeber zu bedanken. Im Büro des Fernsehintendanten erwarte ich einen bosnischen Offizier vorzufinden. Statt dessen sitze ich dort einer attraktiven Frau, Mitte 40, gegenüber. Sie scherzt: »Ich rolle für Journalisten gerne den roten Teppich aus. Auch wenn er zur Zeit ein wenig löchrig ist.« Sie heißt Amila Omersoftic und ist eigentlich Diplomingenieur. Sie weiß, wie man einen Betrieb verwaltet.

In den folgenden Tagen und Wochen lerne ich sie als eine ungemein entschlußfreudige Frau kennen. Es ist unmöglich, ihr irgendwo im Fernsehgebäude zu begegnen, ohne gefragt zu werden, ob alles in Ordnung ist und ob sie etwas tun könne, um einem die Arbeit zu erleichtern. Niemand hat jemals erlebt, daß sie versucht hätte, auf die Berichterstattung ihrer Gäste Einfluß zu nehmen. Sie ist viel zu gescheit, um nicht zu wissen, was es für Bosnien bedeutet, wenn täglich Berichte aus dem belagerten Sarajewo über die Fernsehschirme in Dutzenden von Ländern flimmern. Auch wenn das immer wieder mit kritischem Unterton geschieht, weil Bosnier eben auch keine Engel sind.

Prominente Serben, darunter ihr berühmt-berüchtigter General Mladic, haben mir erzählt, was ihr größter Fehler nach der Unabhängigkeitserklärung der Bosnier war. Sie versäumten es, das Fernsehen von Sarajewo in ihre Gewalt zu bringen. Ich glaube nicht, daß ihnen das gelungen wäre. Sie hatten schließlich zu keiner Zeit genügend Infanterie, um gegenüber einer großen Stadt als Eroberer aufzutreten.

Im Dorf Pale im Südosten von Sarajewo versuchen die Serben, ein Ersatzfernsehen einzurichten. Was da vor sich geht, ist vor allem in technischer Hinsicht so mickrig, daß sie sich dessen schämen. Sie lassen mich ihr Fernsehen nicht fotografieren. Obwohl ich versuche, ihnen klarzumachen, daß es für sie sprechen würde, wenn man zeigt, wie unterlegen sie im Medienkrieg sind.

Mit einem Überraschungscoup hatten sie nach Kriegsbeginn einem zivilen Fernsehteam der englischen BBC den Übertragungswagen weggenommen. Die Techniker konnten gerade noch fliehen. Die Serben aber können die britische Einrichtung nicht bedienen. Wenn sie Flugzeuge hätten, sagen sie immer wieder, würden sie sofort das Fernsehen in Sarajewo bombardieren.

Dort serviert allabendlich Friedhelm Brebeck im kleinen Kreis einen Gutenacht-Slivowitz. Woher er den im Faß gereiften, köstlichen Zwetschgenhausbrand immer wieder herbekommt, verrät er nicht. Seine Kammer liegt ein Stockwerk über uns. Seine sonore Stimme, die ihn so überaus sympathisch macht, behält er auch bei, wenn er nicht für die Fernsehzuschauer spricht. Für sein *open house* ist er berühmt. Nicht wegen des Slivowitz, sondern weil er ungemein verständnisvoll und hilfsbereit ist. Weil es sonst selbst im Fernsehgebäude von Sarajewo keine Gelegenheit gibt, mit Deutschland regelmäßigen Kontakt zu halten, hat er im Auftrag der ARD ein Satellitentelefon eingerichtet. Das bleibt lange Zeit hindurch das einzige weit und breit, da es nahezu unmöglich ist, die notwendigen Geräte an den serbischen Sperren vorbei nach Sarajewo zu bringen.

Friedhelm gestattet nicht nur Kollegen von anderen Sendern, in dringenden Fällen seinen Satelliten mit zu benutzen. Es gibt auch Mitarbeiter des bosnischen Fernsehens, die seit Monaten von ihren Familienangehörigen in Westeuropa nichts mehr gehört haben und umgekehrt. Mütter wissen nicht, ob ihr Sohn in Sarajewo noch lebt. Ehefrauen bangen um ihre Männer. Auch meine Mutter in der Pfalz weiß nicht, ob ich heil in die belagerte Stadt gekommen bin. In Notfällen darf man auf Friedhelms Telefon zurückgreifen.

Friedhelm Brebeck ist auch einer von denen, die sich daran halten, daß man fliegende Kugeln nicht filmen kann. Sein Kameramann schätzt ihn deshalb sehr. Und obwohl der ARD-Korrespondent sein Leben nicht unnütz riskiert, hätte es ihn im Fernsehgebäude fast erwischt. Er zeigt mir ein großes Loch in der Außenmauer auf der Rückseite des Hauses. Es stammt von einer Rakete oder Granate. Sein knapper Kommentar: Gleich darunter war mein erstes Zimmer. In der Dämmerstunde plaudern wir nur selten darüber, ob es draußen am Tag wieder einmal sehr gefährlich gewesen war. Daran will man nur ungern erinnert werden. Eher kreist das Gespräch darum, wie schön es wäre, mal wieder unter einer warmen Dusche zu stehen. Angenehm zu riechen, statt erbärmlich zu stinken. Das macht mir als Frau, wie wohl allen Frauen in der belagerten Stadt, am meisten zu schaffen.

Als Viersternehotel mit strahlendweiß gekachelten Bädern hatten die sozialistischen Architekten das Fernsehgebäude ohnehin nicht vorgesehen. Selbst wenn, würde das jetzt nichts nützen. Die großen Wasserrohre Sarajewos sind nach Explosionen geplatzt oder wurden von den Serben in den Bergen zugemacht. Zum Glück gibt es dennoch einige Zapfstellen in der Stadt. Dort stehen die Leute bei klirrender Kälte stundenlang an und schleppen Eimer und Kanister nach Hause. Vielleicht würde man auch im Fernsehgebäude irgendwo eine Zapfstelle finden, aus der Wasser rinnen könnte. Doch im Gebäude sind die Rohre mangels Heizung bei minus 14 Grad Außentemperatur längst eingefroren. Das gilt selbstverständlich auch für die Toiletten. Orte, an denen man nicht nur der Kälte wegen seine liebe Not hat. Denn die Toiletten, ohne Gedanken an Scharfschützen an der Außenmauer der Frontseite einstmals eingebaut, werden wie alle anderen Räume von den Serben beschossen. Folglich gibt es nur wenige schußsichere Aborte an der Rückseite oder im Inneren. Wer sie aufsucht, nimmt stets eine Flasche Wasser mit. Er muß darauf gefaßt sein, daß ihm in jeder Beziehung Ungewöhnliches begegnet; nicht Damen auf dem Herrenklo und umgekehrt. Sondern er wird vermutlich zum ersten Mal in seinem Leben Abortschüsseln sehen, aus denen bunte Eiszapfen wachsen.

Unweit der Kammer, in der ich schlafe, wurde beim Bau über Eck an der Frontseite eine großzügig ausgestattete Toilette mit Waschgelegenheit eingerichtet. Sie gilt als einer der gefährlichsten Plätze. Zerschossene Fenster und Einschußlöcher in den Wänden bezeugen das. Die Toilette über Eck wird deshalb von allen gemieden. Meinem Mann und mir kommt das zugute. Die bisherige Erfahrung lehrt nämlich, daß serbische Scharfschützen keine Frühaufsteher sind. Und sie besitzen keine kostspieligen Nachtsichtgeräte. Für ihre Zielfernrohre brauchen sie Tageslicht.

Eine sehr frühe Morgentoilette scheint deshalb bis zum Beweis des Gegenteils ungefährlich. Ein bißchen kompliziert wird die Sache allerdings dadurch, daß man für jede Verrichtung eine Taschenlampe braucht. Ich gewöhne mich daran, sie vor Ort zwischen den Zähnen zu halten.

Bei meinen Wegen nimmt mich manchmal ein Auto mit, manchmal gehe ich auch zu Fuß in die Stadt. Ich muß darauf achten, daß ich die Zerstörungen auf Dauer nicht für etwas ganz Banales ansehe, etwas, das zum Stadtbild gehört. So die ausgebrannten Straßenbahnen oder die Hochhausskelette, deren ausgeglühte Eisenträger grotesk verbogen in den Himmel ragen.

Wo ich oft verweile und über diesen entsetzlichen Krieg nachdenke, ist die Ruine der Nationalbibliothek. Unersetzliche Dokumente verbrannten, unendlich wertvoll auch für die Serben. Egal wo, es müssen Barbaren sein, die den Krieg als Mittel zum Zweck ansehen und dafür stets neue Entschuldigungen finden. Ich fürchte nur, daß ich mit Aufnahmen von Trümmern zu Hause niemanden mehr erreichen kann. Ein Stadtviertel von Sarajewo ohne Trümmer, das könnte Aufmerksamkeit bringen. Doch ein solches Viertel gibt es längst nicht mehr.

Dafür gibt es anderes, das überhaupt nicht zum Klischee des umkämpften, blutenden Sarajewos paßt. Es ist jedoch schwer auszumachen. Jene Frauen etwa, die mir wie bunte Tupfer in den sonst so tristen Straßen und Gäßchen der Altstadt auffallen. Frauen jeden Alters, denen noch immer etwas vom Esprit einer Stadt anhaftet, die ihre k. u. k.-Vergangenheit nicht leugnen kann. Sie versuchen, sich allen Widrigkeiten zum Trotz auf irgendeine Weise chic zu machen. Dafür müssen sie viel Geld, und zwar begehrte DM, auf dem Bauernmarkt ausgeben. Dort halten runzlige Mütterchen neben handgestrickten Wollsocken auch Lippenstifte und Puderdosen mit altertümlichen Quasten feil. Zwischen Kartoffeln und Karotten gibt es auch immer mal ein Fläschchen des in Osteuropa sehr begehrten, aufdringlich riechenden Patschulis. Parfümersatz, über den die Pariser ihre Nase rümpfen, wenn man nur davon spricht. Irgendwo im belagerten Sarajewo existiert tatsächlich noch ein kleiner Betrieb, der Kosmetika herstellt. Ich habe ihn leider nie gefunden. Vielleicht habe ich, wie ich mir nachträglich vorwerfe, einfach nicht hartnäckig genug gesucht.

Um auf ihre Weise zwischen den Trümmern Eleganz zu zeigen, verbringen die Frauen anscheinend viele Stunden vor dem Spiegel. Wenn es gar nicht anders geht, muß der Ruß verbrannter Balken als Lidschatten herhalten. Blondgefärbte Haare sind selbst in diesen Tagen en vogue. Wer besonders viel auf sich hält, muß vielleicht über dem Dampfbad eines Holzöfchens die Lockenwickler eindrehen.

Im Kleiderschrank eines unzerstörten Hauses hängt immer noch etwas, das sich als modisch ausgeben läßt. Manchmal habe ich den Eindruck, daß diese Frauen ihr Make-up wie eine Maske auflegen. Tief drinnen ist ihnen vielleicht ganz anders zumute. Ich habe es damals versäumt, Fotos von ihnen zu machen. Ich wollte die Frauen nicht drängen, sich von mir vor Ruinen aufnehmen zu lassen, um die andere Seite der Stadt zu zeigen. Heute würde ich nicht lockerlassen.

Die Frauen schlendern selbstvergessen ihre Täschchen schwingend über Kopfsteinpflaster. Im nächsten Augenblick flüchten sie in Hauseingänge, weil geschossen wird. Dann sehen sie zu, daß sie möglichst rasch nach Hause kommen.

Wie in der belagerten Stadt das Leben weitergeht – der Zufall muß dem zu Hilfe kommen, der es zeigen will. Dieser Alltag läßt sich nicht in feste Rahmen passen. Zum Beispiel, wenn es um Feuerholz geht. Meistens werden Ruinen ausgeschlachtet. Die ehrwürdigen Bäume im Stadtpark lassen die frierenden Einwohner unangetastet, auch wenn keine Polizei danebensteht. Ich habe auch niemals Erwachsene dabei beobachtet, daß sie Sträucher und Bäume auf Friedhöfen abgehackt haben. Dort wittern Kinder ihre Chance, weil sie niemand verjagt. Sie posieren sogar mit Äxten vor der Kamera und zeigen bereitwillig, wie sie direkt neben dem Kruzifix Feuerholz für die Familie trimmen. Später haben sie sogar die Kruzifixe abgeholzt. Kein Problem für Aufnahmen. Ich mußte nur im richtigen Augenblick vorbeikommen.

Bei einem meiner Streifzüge fällt mir eine Gruppe weinender Frauen auf. Sie deuten immer wieder auf die nächste Kreuzung. Schließlich kommt eine deutsch sprechende Frau hinzu. Von ihr erfahre ich, daß erst vor etwa einer Stunde Sniper ein junges Mädchen tödlich getroffen haben. Sie war sehr beliebt in der Nachbarschaft. Die Mutter weiß es noch nicht. Sie ist bei Verwandten, Telefon gibt es nicht. Auch kein Taxi. Es könnte sein, daß sie später in ihre Wohnung kommt und laut nach Amra ruft.

Amra, gerade 16, liegt bereits nebenan im Leichenhaus. Eine Nachbarin hat der Toten ein weißes Nachthemd angezogen. Ich kann einfach nicht glauben, daß in ihrem Herzen eine Kugel stecken soll. Sie schaut so friedlich aus, als hätte sie sich auf die Bahre nur eben zum Schlafen gelegt.

Sie war zum Bäcker gegangen, um nach Brot anzustehen. Sonst ging sie immer an den Häusern entlang und mied die Kreuzung, weil sie wußte, daß die sehr gefährlich ist. Warum bloß hat sie heute nicht aufgepaßt? An diesem Tag werden noch andere Unschuldige in der Stadt sterben müssen.

Am Ende des Krieges, als endgültig Waffenruhe eintritt, weist die Statistik für die belagerte Stadt 10.618 Tote aus. Darunter sind gewiß Kämpfer, aber auch 1.602 Kinder.

Vor dem Kosevo-Krankenhaus riecht es trotz der klirrenden Kälte süßlich morbid. Bilde ich mir das vielleicht auch nur ein? Wieder einer jener Zufälle, von denen ich, weil ich immer alles genau plane, wenig halte. Es ist wie in einem Gruselfilm. Vor mir liegen 40 steifgefrorene Serben, in weiße Plastiksäcke verpackt.

Sie werden gerade wie Umzugsgut auf einen LKW verladen. Mit ihm werden sie über die Frontlinie gebracht, wo man sie schon erwartet. Man braucht eine Feuerpause für die Leichen. Manchmal sind die Plastiksäcke zu klein für die Toten. Dann schauen ihre blaugefrorenen Zehen heraus.

40 tote Bosnier, so ist vereinbart, bringt der LKW im Austausch für die Serben zurück. Bei der extremen Temperatur wohl auch steif gefroren und im besten Fall in Plastik verhüllt.

Namenslisten gibt es nicht. Die Leichen sind nicht einmal numeriert. Vor Nahaufnahmen durchschnittener Serbenkehlen, die durch die Folien schimmern, schrecke ich zurück. Auch wenn gefrorenes Blut augenscheinlich viel blasser ist als frisches Blut.

Am anderen Tag gehe ich zum Schlittschuhlaufen. Ich möchte Aufnahmen davon machen, wie fröhliche Kinder in einem scheinbar ruhigen Wohngebiet auf dem Eis ihre Pirouetten drehen. Freilich mit Silhouetten von Hochhausruinen dahinter. Sonst könnten die Fotos ja von irgendwoher sein. Kaum habe ich mich auf die munteren Schlittschuhläufer eingestellt, erschreckt mich eine Detonation. Aber anscheinend ist das nichts Ungewöhnliches hier. Die Kinder laufen nicht davon. Sie warten ab, ob noch etwas geschieht. Einige rufen mir etwas zu und zeigen nach oben.

Grauer Qualm zieht aus dem neunten oder zehnten Stockwerk einer Mietskaserne. Dort ist offenbar ein Geschoß eingeschlagen. Wurde vielleicht eine friedliche Familie von der Explosion in der Wohnung überrascht? Ob ich dorthin gehen soll, auch wenn oft einem Geschoß in kurzem Abstand ein zweites folgt? Aber ich will ja vor allem zeigen, wie furchtbar der Krieg für die Zivilbevölkerung ist. Also mache ich mich auf den Weg.

Im Mietshaus werden Türen auf und zu geschlagen. Leute laufen aufgeregt die Treppen hinauf und hinunter. Einige winken mich nach oben. Eine Gruppe verstörter Leute steht auf einem Treppenabsatz vor einer Tür. Rauch quillt heraus. Meine Kamera mögen sie nicht. Ich soll fortgehen, bedeuten sie mir. Das kenne ich noch nicht. Ich warte, bis einer dazukommt, der englisch spricht. Er erklärt mir, daß die Familie Angst vor den Serben hat. Die könnten vielleicht erneut schießen, wenn ein Foto veröffentlicht wird. Doch er kann die Leute beschwichtigen. Ich darf Aufnahmen machen. Die Familie hat großes Glück gehabt. Sie besuchte gerade Freunde, die einige Stockwerke tiefer wohnen.

Die Explosion hat die Außenmauer zerbröselt und zwei Zimmer nach draußen völlig offengelegt. Ein grandioser Blick wie durch eine riesige Fensterwand wurde freigegeben. Haufenweise liegen Trümmer herum. Ein Heizkörper krönt sie, den die Wucht der Explosion aus der Verankerung gerissen hat. An der Decke baumelt noch der Rest eines dreiarmigen Leuchters. Beim Aufräumen der Trümmer jedoch läßt sich die Familie trotz aller Bitten nicht fotografieren.

Im ehemaligen französischen Krankenhaus hingegen – so genannt nach seinen Gründern – kann ich gar nicht genug Aufnahmen machen, um alle Wünsche zu erfüllen. Da ist vor allem der alte Mann im Rollstuhl, der mir auf der flachen Hand zerquetschte Bleikugeln anbietet, als wären es Erdnüsse. Er kann es kaum erwarten, bis die Kamera zum ersten Mal klickt. Er möchte, daß die ganze Welt sieht, wie die Serben Sarajewos Krankenhäuser beschießen. Der alte Mann ist Patient im sechsten Stock. Ein Geschoß hat ihm auf der Straße das rechte Knie zerschmettert. Als Beweis gegen die Serben sammelt er auf dem Gang vor den Krankenzimmern Kugeln ein, die den Weg von draußen bis hierher gefunden haben. Manche entdeckt er nicht. Sie stecken in der Wand. Er schert sich nicht darum, daß er hier im Rollstuhl von einer Kugel tödlich getroffen werden könnte. Für das Foto reckt er trotzig den Daumen hoch.

Das Krankenhaus wurde seinerzeit auf eine luftige Anhöhe gesetzt. Der Sonne entgegen, wie das Hotel Inter-Conti. Entsprechend nutzen die Serben auch die Lage des Krankenhauses. Die ihnen zugewandte Fassade ist mit Tausenden von Einschußlöchern übersät. Sie sieht aus wie ein architektonisch anspruchsvoller Lochkäse. Fensterhöhlen zu den Patientenzimmern sind notdürftig mit Folien geflickt. Wer zum ersten Mal auf das Krankenhaus zugeht, kann sich überhaupt nicht vorstellen, daß dort der Betrieb weitergeht. Doch der Wille der Bosnier und ihre Zähigkeit werden von ihren Gegnern bis heute unterschätzt. Im französischen Krankenhaus wird während des Krieges weiter operiert. Ärzte und Schwestern gehen durch die Hintertür ein und aus. Patienten werden außer Sicht der Scharfschützen angeliefert. Mit entzündetem Blinddarm werden die wenigsten angefahren. Eher mit Wunden, wie sie nach Kämpfen und blindwütigem Schießen für die Mediziner inzwischen alltäglich sind.

Bei Samir wird gerade der Verband am Bein gewechselt. Er ist erst acht Jahre alt. Vor einigen Monaten hatte ihn ein Schuß im Rücken verletzt. Die Wunde ist ausgeheilt. Jetzt hat ihm eine Kugel beim Spielen im Garten ein Stück von der Wade abgerissen. Die Wunde scheint sehr zu schmerzen. Samir schreit jämmerlich. Die Ärzte haben nichts, womit sie Schmerzen lindern können. Ich komme mir selbst so hilflos vor, weil ich nichts für ihn tun kann. Ich muß weinen und es fällt mir entsetzlich schwer, Fotos von Samir zu machen. Daß mich menschliches Leid immer wieder anrührt, mag mancher meiner Freunde kaum glauben, denn sie wissen, wo ich überall schon gewesen bin.

Ein Jahr nach der Episode mit dem verletzten Samir begegne ich in Sarajewo dem damals behandelnden Arzt wieder. Er blickt mich forschend an. »Kommen Sie tatsächlich immer wieder nach Sarajewo? Warum? Sie haben doch damals mehr gelitten als der Junge«, erklärt er. »Und es gibt jetzt eher mehr Samirs. Der Krieg ist schlimmer geworden.«

Samir ist gut weggekommen. Da ist zum Beispiel Eldina, elf, die zwar alle trösten. Der aber keiner sagen kann, wie ihr Leben später aussehen wird. Eldina liegt teilnahmslos in ihrem kargen Krankenzimmer. Sie pflückte gerade beim Nachbarn die ersten Kirschen vom Baum. Da schlug eine Granate ein. Ihr wurden beide Beine abgerissen. Ein anderes Mädchen, zwölf, wurde beim Spielen von einem Splitter am Hals getroffen. Amila kann schon wieder aufstehen und schaut gerne zum Fenster hinaus. Was macht sie, wenn auf das Krankenhaus geschossen wird? Die entwaffnende Antwort: »Ich ducke mich.«

Die daran schuld sind, daß sie sich immer wieder ducken muß, überrasche ich bald danach auf den Höhen im Süden Sarajewos beim Mittagessen. Sie bieten mir von ihrer dampfenden Suppe einen großen Schlag an und fragen gar nicht, ob ich ihre Suppe überhaupt mag. Es sind uniformierte Serben. Also reguläre Armee? Das erfahre ich nicht. Wie Raubvögel lauern sie in Schützenlöchern hoch oben über der Stadt und warten darauf, daß sie in ihren Zielfernrohren eine Bewegung erkennen. Dann drücken sie ab. Für den Fall, daß zurückgeschossen wird, sind ihre Stellungen mit Sandsäcken abgesichert. Ihr Kommandant will als großzügiger Haudegen auf mich Eindruck machen. Er läßt mich fotografieren.

Einen seiner Männer interessiert, ob ich im Holiday Inn untergekommen bin. Das Hotel liegt da unten unmittelbar vor ihm. Wohne ich in einem Zimmer zur Straße hin an der Vorderseite? Welche Zimmernummer? Ich soll ihm doch mein Zimmer im Fernglas zeigen. »Dann werde ich morgen dahin schießen.« Mir ist nicht nach Lachen zumute wie ihm und den anderen, die unserer Unterhaltung folgen. Ich glaube, er würde tatsächlich versuchen, mein Zimmer und mich zu treffen. Er hätte dabei überhaupt keine Skrupel.

Einer der Soldaten posiert stolz für die Kamera mit seinem blankpolierten Gewehr. Er will ganz sichergehen, daß im Hintergrund Sarajewo zu erkennen ist. Andere spielen mit einem kräftigen, schwarzen Hund. Solche Hunde führen die Milizen des berüchtigten Kommandeurs Arkan mit sich, wird bei den Bosniern erzählt. Ich frage nach Arkan. Ist er in der Nähe? Nein, aber sie hätten von ihm gehört. Ein tüchtiger Offizier. Der Hund streicht mir um die Beine, wedelt lustig mit dem Schwanz. Sie sind nun mit dem Essen fertig. Es scheint, als wollen sie wieder schießen. Mich können sie dabei nicht gebrauchen.

Wieder zurück in Sarajewo, sagen mir die Kollegen, ich hätte einen *scoop* gelandet. Das hätte es noch nicht gegeben, daß serbische Scharfschützen sich fotografieren lassen. Das müsse wohl daran liegen, daß ich als Frau einen besseren Stand habe. Gewiß, als Frau habe ich es manchmal leichter. Vor allem, wenn es keine festen Regeln für den Umgang mit Fotojournalisten gibt und der Chef einer Zivilbehörde oder der Kommandeur einer Militäreinheit spontan entscheiden kann, ob ich in ihrem Bereich arbeiten darf oder nicht. Mag sein, daß dem einen oder dem anderen eine Frau sympathischer oder vertrauenswürdiger vorkommt. Das hilft mir allerdings wenig, wenn es darum geht, beide Seiten im Konflikt um Bosnien-Herzegowina zu zeigen. Dazu müßte ich einmal in Sarajewo und das andere Mal bei den Serben fotografieren. Auch die Serben müßten mich akzeptieren.

Heinz Metlitzky erzählt vom libanesischen Bürgerkrieg. Dort fuhr er in einem weißen Citroën des ZDF mit schwarzen arabischen Buchstaben, die ihn als deutschen Fernsehkorrespondenten auswiesen, häufig zwischen Christen und Moslems hin und her. Alle kannten ihn. Bei den Moslems filmte er mit einem arabischen Kamerateam, bei den Christen mit deutschen Kollegen. Die Gegner ließen ihn anstandslos passieren. Er fuhr allerdings immer sehr schnell, denn man konnte ja nie wissen.

Libanon war in dieser Beziehung einmalig. In Sarajewo sind die Frontlinien, anders als damals in Beirut, vollkommen unübersichtlich. Nicht einmal Posten der UNO können genau sagen, wo sich in den Ruinenfeldern im Niemandsland gerade wieder einmal die Moslems verschanzt haben und wo jetzt serbische Stellungen liegen. Im Belagerungsring von Sarajewo, auf den Ausfallstraßen der Stadt, gilt deshalb die eiserne Regel: nicht fotografieren. Es gibt keinen von der UNO kontrollierten Korridor, wo etwa Journalisten als Privilegierte die Fronten passieren dürfen.

Besonders bei den Serben weiß man nie, wann sie schießen, weil ihnen etwas verdächtig vorkommt. Jeder Besuch bei den Serben in der Provinz, selbst eine Visite in ihrem Hauptquartier, wird deshalb zu einem riskanten Abenteuer. Es ist wirklich absurd. Um mit der Kamera das Leben der Serben zu zeigen, um die Wirklichkeit auf ihrer Seite darzustellen, um ihnen also einen Dienst zu erweisen, muß ich riskieren, daß sie mich auf der Anfahrt töten.

In ihrem Hauptquartier erklären die Serben dazu, sie fänden es überhaupt nicht gut, daß ich in Sarajewo wohne. Ich solle doch zu ihnen kommen. Von Titos totalitärem Regime haben sie die Idee übernommen, man müsse Journalisten kontrollieren.

Anders als in Sarajewo darf im Dorf Pale, dem Sitz der Serben vor den Toren der bosnischen Hauptstadt, niemand frei fotografieren. Das ist nicht weiter tragisch. Denn Pale ist langweilig, tiefste Provinz.

Pale ist nicht zerstört, dort herrscht Frieden. In einer Villa, die geheim bleiben soll, wohnt Serbenführer Karacic. Nach Voranmeldung empfängt er dort Journalisten.

In einem Wäldchen, das für die Kamera ganz streng *off limits* ist, hat der serbische General Mladic sein Hauptquartier aufgeschlagen. Karacic und Mladic darf ich nicht einfach auf der Straße anhalten, wenn ich ihnen begegnen sollte, um sie zu fotografieren. So, wie das bei der bosnischen Prominenz in Sarajewo möglich ist. In Pale muß man sich für die wichtigen Leute Termine geben lassen.

Bei General Mladic habe ich Erfolg. Von ihm gab es anfangs wenig Bilder, weil wohl die meisten meiner Kollegen meinten, daß er sich nicht fotografieren läßt. Ich sitze ihm an einem Holztisch im Freien gegenüber. Er räkelt sich auf einer Bank, nimmt die Mütze nicht ab, auf den Knien hält er eine lederne Kartentasche. Er spricht nur serbisch, schlürft heißen Tee und glaubt, daß die Bosnier Sarajewo bald aufgeben müssen. Er schaut aus wie einer, der keinen Widerspruch duldet, und ich glaube, so habe ich ihn auch abgelichtet.

Er ließ mich Großaufnahmen machen. Das Foto von Mladic habe ich erstaunlich oft verkauft. Ich habe allerdings nie erfahren, ob er selbst auch damit zufrieden war. Ich fürchte eher nein. Denn grimmig dreinschauende Männer wünschen sich meist ein lächelndes Gesicht als Porträt.

Zu Hause in Deutschland habe ich aus Langeweile gelegentlich Geschichten in Illustrierten gelesen, deren Autoren extreme Situationen schilderten. Vor allem jene im Stil von »Um Haaresbreite dem Tod entgangen« oder »Wenn der Tod vor der Tür steht« oder »Mit einem Fuß war ich schon im Grab«.

Ich fand sie oft kitschig und deshalb amüsant. Ausgerechnet nach Heiligabend, dem 24. Dezember 1992, hätte ich selbst einen Erlebnisbericht mit der Überschrift »Das große Wunder – wie man 20 serbische Kugeln überlebt« liefern können.

An diesem Tag nimmt mich das ZDF-Fernsehteam zum Flughafen mit. Ein Gespräch mit dem französischen General ist vereinbart. Dieser Mann schafft es selbst in Sarajewo, eine zivile, fast charmante Atmosphäre um sich zu verbreiten. Er trägt niemals einen Stahlhelm. Ob es mir diesmal gelingen wird, ihn als entschlossenen Offizier ohne Furcht und Tadel zu zeigen?

Es klappt wieder nicht. Das Gespräch mit ihm handelt davon, ob es vielleicht möglich ist, Lebensmittel über die UNO mit dem Flugzeug in die belagerte Stadt zu bringen. Die Serben haben einmal, aber eben nur einmal, einen LKW mit Paketen des ZDF für die Kollegen beim bosnischen Fernsehen passieren lassen. Jetzt machen sie dicht. Aber eine Luftbrücke ist leider ebenfalls ausgeschlossen. Dazu wäre eine Ausnahmegenehmigung des Sicherheitsrates der Vereinten Nationen in New York erforderlich.

Wir sind auf dem Weg vom Flughafen in die Stadt zurück. Nirgendwo fallen Schüsse. Außer unserem ist kein weiteres Auto unterwegs. Eine wahrhaft stille Nacht scheint heraufzuziehen. Dabei beachten weder Moslems noch orthodoxe Serben den 24. Dezember, und die Christen stellen nur eine kleine Minderheit in Sarajewo. Wir wollen am Abend feiern. Auf dem Markt haben wir zwischen Walnüssen rote Kerzen entdeckt. Dazu die einzige Weihnachtstanne weit und breit. Ein Miniaturbäumchen mit grünen Plastikzweigen, handhoch. Zwischen den Kunstnadeln glitzern winzige Kugeln aus Messingblech. Auf der Baumspitze klebt sogar ein Stern. Die Frau, die uns das Bäumchen für stolze drei Mark verkauft, begreift überhaupt nicht, warum wir nicht handeln. Hätte sie fünf Mark verlangen sollen?

Für das Festmahl haben wir uns trockene Kekse aufgehoben. Sie werden köstlich schmecken, denn französische Soldaten haben uns am Flughafen eine Flasche Bordeaux Mouton-Rothschild geschenkt.

Am Steuer des Wagens sitzt Doca, ein quirliger Serbe, der assistiert und übersetzt. Auf ihn wartet in der Stadt in einem noch unzerstörten Haus die Ehefrau mit der kleinen Tochter. Neben ihm sitzt Selwa, der gutmütig brummige Kameramann, ein Moslem. Seine Frau ist mit den beiden Kindern noch rechtzeitig aus Sarajewo nach Italien geflüchtet. Heinz Metlitzky und ich sitzen auf dem Rücksitz.

Mit einem Mal erfolgt ein Geräusch, als ob jemand das Auto mit Kieselsteinen bewirft. Dann geschehen gleichzeitig mehrere Dinge. So blitzschnell, daß man sie nur nacheinander registrieren kann. Erst ist es so, als ob mit einem großen Hammer auf die Frontscheibe eingeschlagen wird. Sie scheint zu splittern, das Glas birst aber nicht. Auch die rechte hintere Scheibe bekommt von einem zentralen Punkt aus strahlenförmig Risse. Der Motor erstirbt. Aus der Haube quillt dicker weißer Qualm hervor. Da die Straße eben ist, rollt der Wagen im Auslauf noch ein paar Meter weiter. Gott sei Dank gerade weit genug, um uns Dekkung hinter einem halbzerstörten Haus gegen den oder die serbischen Schützen zu verschaffen. Ob ich auch so leichenblaß bin wie die drei, die mit mir im Wagen sitzen? Einen Moment lang herrscht bedrückende Stille.

Dann ruft Heinz Metlitzky mit sich überschlagender Stimme: »Alle ganz schnell raus. Vielleicht brennt der Motor.« Wir rütteln verzweifelt an den Griffen. Nichts tut sich. Alle vier Türen klemmen. Irgendeine Automatik ist zerstört.

Als wir gerade dabei sind, mit bloßen Fäusten gegen Scheiben und Türen zu schlagen, erscheint plötzlich das Gesicht eines bärtigen Mannes an der Scheibe der Fahrertür. Er reißt die Tür auf, was von außen anscheinend mühelos möglich ist, und fragt in holprigem Englisch: »Kann ich Ihnen helfen?«

Er fügt langsam hinzu, als ob er damit nichts Besonderes preisgibt: »Sie wären wahrscheinlich tot, wenn Ihr Auto nicht gepanzert wäre. Die Serben haben Sie ganz nahe herankommen lassen. Sie sitzen in der Ruine dort um die Ecke. Aber hier können sie uns nicht mehr sehen.«

In der Tat, es ist ein gepanzertes Auto, mit dem wir an diesem Tag unterwegs waren. Ein Audi. Der ZDF-Panzer, wie die Kollegen beim bosnischen Fernsehen es spöttelnd nannten. Sie glaubten nicht an die Panzerung. Aber irgend jemand in der ZDF-Zentrale in Mainz-Lerchenberg hat wohl geahnt, daß sich ein Kamerateam bei Aufnahmen in einer belagerten Stadt nicht immer nur auf sein Glück verlassen kann.

Die Einschüsse im Wagen sind beachtlich. Es sind etwa 20. Das Blech der Karosserie und den Kühler haben die Kugeln glatt durchschlagen. Aber alle Kugeln wurden dann von der eigentlichen Panzerung am Fahrgastraum aufgehalten oder abgelenkt. Auch das Panzerglas hat den Kugeln standgehalten.

Die gleiche Stelle habe ich schon oft in einem simplen Blechauto passiert. Andere auch. Da war wohl gerade kein serbischer Schütze in der Nähe, oder er hatte Ausgang. Dies ist schließlich nicht irgendein Ort an der Flughafenstraße. Er wird von der riesigen spektakulären Ruine des bosnischen Verlags Oslobodjene beherrscht. Kaum vorstellbar, daß unter den gigantischen Trümmern im Keller des Gebäudes Frauen und Männer weiterhin eine Tageszeitung für das belagerte Sarajewo produzieren. Wenn auch mit geringerem Umfang und in kleiner Auflage.

Die ersten Stellungen der Serben liegen etwa 50 Meter hinter Oslobodjene. Den Eingang zur Druckerei können die Serben nicht sehen. Unser Audi war nach dem Beschuß vor der Ruine des Verlags zum Stehen gekommen. Es war ein Mitarbeiter der Druckerei, der die Tür von außen öffnete. Mit einem Freund war er in seinem eigenen klapprigen PKW von der anderen Seite auf uns zugekommen und hatte unser Unglück gesehen. Er hat einen Strick im Kofferraum. Mit dem schleppt er den perforierten Audi zum Fernsehgebäude. Der gepanzerte Wagen wird zunächst in Sarajewo notdürftig geflickt, später in Deutschland dann repariert.

Eine Kugel steckte in Kopfhöhe in der Scheibe der rechten hinteren Tür. Sie hätte Heinz Metlitzky oder mich treffen können. Er bewahrt sie seitdem als Talisman in seiner Geldbörse auf.

Es wäre zu schön, wenn ich mich auf einen Talisman verlassen könnte. Doch der Alltag der Fotojournalistin im belagerten Sarajewo hat mich gelehrt, daß es ungefährliches Arbeiten in einem Krisengebiet nicht gibt.

Ursprünglich hatte ich mit einem Kollegen in einem ganz normalen Auto um die gleiche Zeit zum Flughafen fahren wollen. Der hatte im letzten Moment abgesagt.

NIKE

Bei Leprakranken und im Diamantenkrieg – Sierra Leone

Groteskes Gruppenbild mit Damen. Wie aus einem Horrorfilm, meisterlich inszeniert von einem jener Regisseure, die den Betrachter schaudern lassen, ihn gleichzeitig aber so mit ihrem Szenario in den Bann ziehen, daß er das Geschehen atemlos verfolgt. Mir ist vorher nichts Ähnliches widerfahren. Es bleibt Sierra Leone vorbehalten, mich das Gruseln zu lehren.

Verstümmelte junge Frauen drängen sich an mich und versuchen, mich mit ihren Armstümpfen zu berühren. Oder gar meinen Hals, mein Gesicht, meine Brust mit ihren weichen, vernarbten Wunden zu streicheln. Dazu sagen sie etwas in einer melodiösen Sprache, bei der ich gar nicht weiß, ob sie sich auch untereinander verständigen können. Ist es Krio, das sie angeblich fast alle sprechen? Der Brügerkrieg in Sierra Leone hat die Familien auseinandergerissen, ethnische Gemeinsamkeiten gingen so verloren. Davon ist der vorherrschende Stamm Kreole genauso betroffen, wie die weniger zahlreichen Stämme Temme, Lemba, Koranko und Sharbro. Von der Mimik der jungen Frauen lese ich aber ab, oder bilde es mir zumindest ein, daß sie so etwas Ähnliches sagen wollen wie »Danke, daß du uns nicht abstoßend findest. Wir können ja nichts dafür, daß man uns so zugerichtet hat«.

Einige in der Gruppe drängeln sich nach vorn. Damit der Kamera ja nicht entgeht, daß man ihnen nicht nur einen Arm oder eine Hand, oder beide Arme und beide Hände, sondern auch ein Bein abgeschlagen hat. Eine Mutter hebt mühsam ihr einarmiges Baby hoch, das sich seinerseits mit aller Kraft an den Armstumpf der Mutter klammert. Entstehen so rührende Aufnahmen, die den Beweis dafür erbringen sollen, wo man schon überall war?

Wenn ich das wirklich wollte, müßte ich meinem Begleiter

die Kamera aus der Hand nehmen, die er auf unsere Gruppe gerichtet hält. Denn er versteht vom Fotoapparat, obwohl ich es ihm gezeigt habe, so wenig, daß er immer wieder auf irgendeinen Knopf drückt, den er für den Auslöser hält. Doch ich will so gar nicht abgebildet werden. Ich harre geduldig aus, bis einige Frauen um mich herum der Meinung sind, jetzt sei es gut damit. Das Gruppenbild löst sich auf, ohne daß tatsächlich auch nur ein Foto davon entstanden ist. Die Frauen gehen zu ihren Familien zurück.

Inzwischen ist es nicht mehr einfach, von ihnen Aufnahmen zu machen, die ungezwungen, nicht arrangiert, den Alltag dieser Verstümmelten zeigen. Für die zahlreichen ausländischen Delegationen, die neuerdings in Sierra Leones Hauptstadt Freetown kommen, ist ein Besuch im Amputiertenlager mittlerweile Pflicht. Zum einen ist das weniger gefährlich als der Versuch, im Land herumzureisen und sich ein ungeschminktes Bild von der Situation zu machen. Außerdem kann man damit wenigstens nachträglich werbewirksam zeigen, wie sehr man mit den Opfern des grausamen Bürgerkriegs fühlt.

Als in den neunziger Jahren bewaffnete Banden, die sich »Rebellen« nannten, die Städte und Dörfer des westafrikanischen Staates überfielen und wahllos Tausende von Frauen, Männern und Kindern abschlachteten, wurde dieses Gemetzel in Europa und in den USA kaum beachtet. Schon gar nicht bei den Chinesen und Russen, die zwar die meisten Waffen nach Afrika verkaufen, aber so tun, als ob es sich dabei um Getreidelieferungen handelt.

Das Wegschauen von Sierra Leone ist meiner Meinung nach nicht damit zu erklären, daß dieser Staat mit circa vier Millionen Einwohnern, von der Größe Österreichs, gemessen an anderen Staaten, auf der Landkarte vom afrikanischen Kontinent nur als winziger Fleck auszumachen ist. Da muß große Politik im Spiel sein. Denn wo sonst kommt das Geld her für Waffen, mit denen Sierra Leones Soldaten, die Rebellen und die Armeen der Nachbarländer ausgerüstet sind?

Ich nehme mir fest vor, neben meiner Arbeit mit der Kamera nach Ursachen zu forschen. Schließlich werden in Sierra Leone auch Diamanten geschürft. Von Anfang an ist mir allerdings bewußt, daß es unglaublich schwierig sein wird, vielleicht sogar unmöglich, Fotos zu machen, die den Hintergrund des Bürgerkriegs erhellen könnten. Selbst wenn ich Warnungen nicht beachte, wonach in Sierra Leone zu fotografieren schon an sich derzeit lebensgefährlich ist.

Die Besuche der vielen Delegationen im Amputee Camp haben bewirkt, daß die Frauen Fremden gegenüber ungemein mißtrauisch sind. Sie laufen weg oder verlangen für Aufnahmen Geld. Finah Kamara, 28 Jahre, hat nach anfänglichem Zögern offen mit mir gesprochen: »Weil du eine Frau bist.« Sie hat mit zwei Armstümpfen überlebt. Ihrem Sohn Deimba, vier Jahre alt, wurde die rechte Hand abgehackt. Ihr Ehemann Valentin war mit einigen Freunden in den Busch entkommen. Es war bekannt, daß die bewaffneten Banditen die Männer im Dorf töten. Anderswo haben sie den Männern sogar die Köpfe abgeschnitten und zur Abschreckung am Wegrand drapiert. Niemand sollte auf die Idee kommen, die Soldaten der Regierung gegen die Rebellen zu unterstützen.

Das mit dem Kopfabschneiden hat sich wie ein Lauffeuer im ganzen Land herumgesprochen, sagt Finah. Als Valentin zurückkehrt, kann er gerade noch seiner Frau und dem Sohn mit Baumblättern und Zweigen die Schnittwunden abbinden. Die meisten anderen Opfer im Dorf verbluten. Kurze Zeit später, Finah ist mit ihrem Sohn wieder auf die Beine gekommen, wird ihr Mann von Banditen beim Bambusschneiden im Feld überrascht. Auch sein Kopf findet sich später am Wegrand. Finah wird ohnmächtig, als sie ihren Mann erkennt. Mit der Schwiegermutter und dem Sohn flüchtet sie nach Freetown. In der Hauptstadt sind sie zunächst auf Almosen angewiesen. Erst viel später richtet eine mutige kleine Hilfsorganisation, die Handicap International, das Amputiertenlager ein. Mit Hütten aus Plastikfolie. Inzwischen sind Tausende Verstümmelte in die Hauptstadt geflüchtet. Als die Rebellen Anfang 1999 zwei Wochen lang Freetown besetzen, lassen sie jene in Ruhe, die das erste Massaker überlebt haben. »Wir hatten trotzdem schreckliche Angst, daß sie uns nun doch noch umbringen würden«, gesteht mir Finah.

Ihre Freundin Diana reckt demonstrativ ihren linken Armstumpf und klagt: »Stell dir vor, nachdem sie mir mit dem Messer die Hand abgehackt haben, ließen sie mich einfach liegen. Vielleicht haben sie mich für tot gehalten. Ich weiß gar nicht mehr, wer mir den Arm abgebunden hat. Glaub mir, das schmerzt fürchterlich.«

Selbst die Dolmetscherin schüttelt sich. »Ich weiß nur, meine linke Hand lag neben mir auf der Erde. Ich nahm sie mit der Rechten auf, weil ich dachte, daß man sie irgendwie wieder dranmachen kann, und lief und lief, bis ich Leute traf. Die sagten mir dann, ich soll das Stück Fleisch wegwerfen, weil das alle krank macht. Das habe ich dann gemacht. Ich war nicht die einzige. Nein, damals sind sie auf neun von uns Frauen mit Buschmessern losgegangen. Sie haben gelacht dabei, weil wir schrien. Einige von uns waren noch Kinder. Was aus den anderen acht geworden ist, weiß ich nicht. Es war viel Blut auf dem Weg.«

Von den fremden Besuchern im Amputiertenlager haben Finah und ihre Leidensgenossinnen erwartet, daß sie ihnen quasi über Nacht künstliche Glieder besorgen. Sie verstehen nicht, wie schwierig das ist.

Ich frage natürlich, ob sie sich erklären können, warum die Rebellen so grausam waren. Die verstümmelten Frauen erzählen alle die gleiche Geschichte, von der man allerdings nicht weiß, ob sie bloß erfunden ist. Unwahrscheinlich scheint sie dennoch nicht.

Ich bekomme stets aufs neue Gänsehaut, wenn die Frauen davon berichten. Dazu gestikulieren sie mit ihren Armstümpfen, um zu unterstreichen, daß es wirklich so gewesen ist.

Danach haben die Rebellen gleich zu Beginn ihrer Überfälle einem Freund des Staatspräsidenten, einem Priester, beide Hände abgeschlagen. Diese schickten sie in einer Blechschüssel zum Präsidenten, dazu die Botschaft: Die Zukunft liegt in deinen Händen.

Welche Vorstellung sie von der Zukunft hatten, verkündete der Überbringer der gruseligen Gabe ebenfalls. Sie wollten die Macht im Staat. Davon, daß die Rebellen eine andere Politik verlangten oder irgendwelche Reformen erzwingen wollten, ist bei den Schilderungen der Frauen nie die Rede. Ich habe auch sonst nirgendwo in Sierra Leone gehört, daß es beim blutigen Aufstand um politische Forderungen ging.

Der legal gewählte Präsident dachte nicht daran, Gangstern den Staat zu überlassen. Und die machten eiskalt wahr, was sie angedroht hatten. Das Abhacken der Glieder wurde zu ihrem Markenzeichen. Aus den Dörfern, die sie überfielen, entführten sie zehn-, zwölfjährige Kinder, gewöhnten sie an Alkohol und Drogen und lehrten sie das Hände- und Armabschneiden mit Buschmessern. Wären die verstümmelten Glieder nicht buchstäblich zum Anfassen da, ich würde manchmal meinen, ich träume.

Ich würde das Amputee Camp von Freetown und alle Geschichten, die ich dort höre, in eine andere Zeit verweisen. In die des 30jährigen Krieges etwa, der vor 300 Jahren große Landstriche Europas verheerte. Wo man zum Beispiel hilflosen Menschen gewaltsam Jauche einflößte. Vor allem will mir nicht in den Sinn, daß die NATO auf dem Balkan die Serben bombardierte, um gegen die Verletzung der Menschenrechte einzuschreiten, während zur gleichen Zeit in Sierra Leone ein fürchterliches Gemetzel unter Unschuldigen vor sich ging, ohne daß irgendein Mann von Bedeutung in Europa oder den USA zumindest mahnend den Zeigefinger hob.

Um so mehr, als Sierra Leone als Staat künstlich geschaffen wurde, um ehemalige Sklaven aufzunehmen. Es bleibt nicht aus, daß ich aufgrund meiner Erlebnisse in Sarajewo und im Kosovo über Politik nachzudenken beginne. Nicht zuletzt deshalb, weil meine Einschätzung der Lage auch meine Arbeit als Fotografin unmittelbar berührt.

Amtliche Zahlen, wie wir sie bei uns aus jedem Anlaß gewohnt sind, gibt es in Sierra Leone nicht. Auf ungefähr 7.000 Verstümmelte schätzen Hilfsorganisationen die Überlebenden der Massaker des letzten Jahrzehnts. Zehntausende verbluteten in den Dörfern, nachdem man sie wahrhaft geschlachtet hatte. Ärzte hätten ihnen wahrscheinlich helfen können. Doch das klingt wie ein schlechter Witz. Ärzte, in den Dörfern Sierra Leones?

Seitdem ich das alles weiß, habe ich ein anderes Verhältnis zu einem Vorgang gefunden, den ich zuvor unangemessen theatralisch, wenn nicht geschmacklos fand und den ich ursprünglich auch nicht fotografieren wollte.

Eine Szene im Amputiertenlager. Dort hat jemand vor einer Hütte aus dürren Palmblättern und Bambusstangen ein Kreuz aufgerichtet. Vielleicht einer der Christen, von denen es im Land doch einige Hunderttausend neben den Anhängern des traditionellen Glaubens und der Moslems gibt. Sobald ein Weißer mit einer Kamera auftaucht, springt ein muskulöser junger Mann vor das Kreuz. Er mag Anfang 20 sein. Als wolle er Jesus nachahmen, den man ans Kreuz geschlagen hat, breitet er die Arme.

Halbwüchsige haben ihm im Busch die Unterarme bis zu den Ellenbogen abgehackt. Wie er wohl seinen Alltag durchsteht? Ob ihm die Mutter hilft, sich zu waschen? Ob ihn die Schwester füttert? Wer ihm wohl das Lumpenlager auf dem Boden bereitet? Der Alltag muß schrecklich für ihn sein.

Da liege ich nun nachts in meinem bescheidenen Quartier beim Lutherischen Weltbund in Freetown und wälze mich unter dem Moskitonetz hin und her. Der Weltbund unterhält wie andere Hilfsorganisationen ein Gästehaus für 60 Dollar die Nacht. Ein miserables Hotel wäre doppelt so teuer.

Ich könnte mir natürlich einreden, daß mich der *bullfrog* nicht schlafen läßt. Einer der wenigen Riesenfrösche, die noch nicht im Kochtopf gelandet sind und der irgendwo in einer großen Pfütze seinen Hals zu lautem Quaken aufbläht. Oder daß es an den Hunden liegt, die unentwegt jaulen und bellen.

Meine Unruhe ist aber ganz einfach zu erklären. Mir ist bewußt, daß die verstümmelten Frauen im Amputiertenlager nur die eine Seite der Story sind, wie man unter Profis sagt. Fotos von Rebellen wären die andere Seite. Bloß, wie kriege ich die? Es ist ja nicht so, daß Kontaktleute der Rebellen an irgendeiner Ecke in Freetown auf Journalisten lauern, um sie zu ihren Freunden im Busch zu bringen. Journalisten sind für die Rebellen ein rotes Tuch. Sie haben schon mehr als ein Dutzend einheimischer Kollegen gleich samt ihren Familien umgebracht.

Ich müßte versuchen, in ein Umerziehungslager zu gelangen, wo Rebellen leben, die ihre Waffen abgegeben haben. Das kommt mich hart an, denn das größte Lager in Port Loko liegt fast 100 Kilometer von der Hauptstadt entfernt. Alle sagen, daß eine Fahrt dorthin trotz Waffenstillstand und folgendem Friedensvertrag sehr gefährlich ist. Unterwegs, wie überall in Sierra Leone, gibt es immer noch bewaffnete Banditen, die von niemandem Befehle entgegennehmen. Weder von der Regierung noch von den Soldaten der Friedenstruppe der Vereinten Nationen. Selbst ihren eigenen Kommandeuren gehorchen sie nur dann, wenn sie meinen, daß es für sie von Vorteil ist.

Aber den Helden spielen liegt mir nicht. Um ganz ehrlich zu sein, manchmal würde ich auf bestimmte Aufnahmen am liebsten verzichten, weil mir nicht wohl dabei ist. Hier muß ich mich jedoch überwinden. Denn das, was die verstümmelten Frauen im Amputiertenlager erzählen, klingt im ersten Moment so ungeheuerlich, daß es eine Aufklärung erzwingt. Den Rebellen, Banditen, Mördern ergeht es angeblich besser als ihren Opfern. Die Weltbank und die Europäische Union kümmern sich um sie, damit ihnen die Rückkehr oder der Übergang in ein normales Leben erleichtert wird. Um die Verstümmelten kümmern sie sich nicht. So steht es im Friedensvertrag, sagt man mir.

Den Friedensvertrag habe ich mir umgehend besorgt. Schließlich ist es kein Geheimdokument, sondern ein öffentliches Papier. Und ein unglaubliches Dokument. Da wird tatsächlich, ganz anders als im Kosovo, eine absolute Generalamnestie für den Rebellenchef Korporal Foday Saybana Sankoh (vergleichbar mit Milosevic) und allen seinen Kämpfern und Mitarbeitern verkündet. Und zwar für alles, was ihnen vom Beginn ihres Aufstands 1991 bis zur Unterzeichnung des Friedensvertrags Ende 1999 angelastet werden könnte. Amnestie also für Mord, Vergewaltigung, barbarische Verstümmelungen. Gelten die Menschenrechte in Afrika nicht?

Der gewählte Präsident Sierra Leones hatte zur Friedenskonferenz mit anderen afrikanischen Staaten ein Kind mitgenommen, dem die Rebellen beide Hände abgehackt hatten. Das scheint ihm wenig genützt zu haben. Alle gefangenen Rebellen muß er freilassen.

Während der *bullfrog* weiterhin schreit und die Hunde jaulen, ziehe ich das Moskitonetz zurecht und beschließe, wenn irgend möglich, nach Port Loko zu fahren. Eine schriftliche Genehmigung der Regierung bekomme ich sofort. Aber ein Taxi finde ich erst mal nicht. Wer »Port Loko« hört, winkt ab. Omnibusse verkehren nicht. Über den Freund eines Freundes, der mit jemandem, den ich flüchtig kenne, befreundet ist, treffe ich am Abend des dritten Tages der Autosuche einen jungen Mann, der nicht gleich abwinkt, als er das Fahrziel hört. Nach kurzem Überlegen sagt er mit schlauer Miene: »150 Dollar.« Er scheint dennoch überrascht, daß ich nicht zu handeln beginne. Seine einzige Bedingung, er will seinen Freund mitnehmen. Einen, der sich auskennt bei den Rebellen. Vielleicht also sogar einen von ihnen? Um so besser. Allein will der junge Mann dorthin nicht fahren, auch wenn ich ihm noch mehr Geld zahle. Ich will außerdem einen Einheimischen als Dolmetscher dabeihaben. Der mutige Fahrer druckst zuletzt ein wenig herum, dreht verlegen seinen alten Hut in der Hand und gesteht: »Es könnte sein, daß meine Frau den Namen von Port Loko hört. Dann läßt sie mich nicht.«

Doch es klappt. In einem uralten, irgendwann beige gespritzten Mercedes-Diesel passieren wir am nächsten Morgen außerhalb von Freetown auf einer Betonstraße mehrere gemeinsame Sperren von Regierungsarmee und schwarzen Soldaten der Friedenstruppe der Vereinten Nationen mit dem klangvollen Namen »UNAMSIL«. Straßenschilder sehe ich keine. Mein Fahrer kennt den Weg, sagt er. Ich frage, ob wir auch Rebellen begegnen werden. Bewußt spreche ich nicht von »Banditen«, um nicht unnötigen Ärger zu provozieren. Der Fahrer deutet auf seinen Freund. Der zuckt bloß mit den Schultern.

Die gemeinsamen Sperren von UNO und SLA, der *Army of Sierra Leone*, können malerisch aussehen. Rostige Fässer, mit vielen Sandsäcken garniert, links und rechts der Straße als Hindernis aufgetürmt. Möglichst neben Bäumen, damit die Wächter im Schatten rasten, bis sich jemand des Weges verirrt. Die Vereinten Nationen haben bisher nur Truppen aus Entwicklungsländern für Sierra Leone bekommen. Zum Beispiel aus Nepal, Nigeria, Sambia, Kenia, Indien, Guinea. Das sind keine Elitesoldaten. Die Männer werden schlecht bezahlt, sind nach unseren Begriffen mangelhaft ausgebildet und vor allem sehr notdürftig ausgerüstet. 1.000 Dollar monatlich überweist die UNO pro Soldat an dessen Heimatregierung.

Die den Frieden wahren sollen und dafür nur ein paar Mark erhalten, glauben das nicht. Klar, daß sie ihre Aufgabe nicht begeistert. Von meinem Dolmetscher erfahre ich, daß ihre Funkgeräte oft nicht zu gebrauchen sind. Werden sie also von Rebellen überfallen, können sie die Zentrale in Freetown nicht informieren. Aber das würde ohnehin wenig nützen, weil die Friedenstruppe Anfang 1999 nicht einmal über Hubschrauber verfügt, um Verstärkung zu bedrohten Einheiten zu schicken. Das gleiche gilt für die Regierungstruppen. Die besitzen einen einzigen Kampfhubschrauber, irgendwann einmal von den Russen geliefert. Und wenn Ersatzteile fehlen, kann der nicht fliegen.

UNO-Soldaten tragen die Uniform der Armee ihres Heimatlands, dazu manchmal blaue Helme. Auch einige Soldaten der SLA sind uniformiert. Darüber hinaus gehören Angehörige von Stammesmilizen zur Regierungsarmee. Bei ihnen könnte man meinen, sie hätten sich gerade für einen wirkungsvollen Fernsehauftritt zugunsten der Tourismusbehörde vorbereitet.

Die barfüßigen Männer schlingen sich bunte Tücher um den Kopf, ähnlich ihren Ehefrauen oder den Frauen auf dem Markt. Kunstvoll geknüpfte Tücher ersetzen eine Hose. Um den Hals tragen sie meist ein Amulett. Das kann aus roten, grünen, gelben Glaskugeln bestehen oder nur eine Glasscherbe, ein Stück Holz, eine geschnitzte Figur oder aus geschmiedetem Eisen sein. Das Amulett soll gegen Kugeln und Granatsplitter schützen. Überdies reiben sich die Krieger mit einem undefinierbaren, aufdringlich riechenden, zähflüssigen Öl ein. Es soll die Wirkung des Amuletts erhöhen.

Nicht Rebellen der RFU, der Vereinten Revolutionären Front, werden auf dem Weg nach Port Loko fast zu unserem Verhängnis. Es ist eine Holzlatte, dick mit rostigen Nägeln gespickt. Der Beifahrer entdeckt sie gerade noch rechtzeitig mitten auf der Straße zwischen Sandsäcken, nachdem wir bereits von fröhlichen Milizionären, behangen mit Handgranaten und Maschinenpistolen, durchgewunken wurden. Einen Ersatzreifen haben wir nämlich nicht, wie sich bei dieser Gelegenheit herausstellt. Unser Pech, wäre ein Reifen zerschlissen.

Kurz vor Port Loko taucht tatsächlich ein Schild mit dem Namen des Ortes auf, der sich als kleine Stadt entpuppt. Gemauerte Baracken am Ortsrand, in denen vermutlich früher reguläre Soldaten wohnten. Jetzt sind sie der Kern des Lagers zur Wiedereingliederung oder Umerziehung jener Rebellen, die ihre Waffen abgegeben haben. Natürlich gegen Geld. Man spricht von Summen bis zu 150 Dollar, je nach Art der Waffen.

Ihnen ist ein offizielles Programm zugedacht, das den für Deutsche beziehungsreichen Namen »DDR« führt. »DDR« steht hier für *Disarmament, Demobilization, Reintegration.* Das hört sich auch international gut an, und es erleichtert die Bitte um Unterstützung von außen. Das Programm ist Frauen wie Männern gewidmet. Für Kindersoldaten gibt es besondere Lager, heißt es. Bis hierher mußte ich meine Kamera im Auto unter dem Sitz verstecken. Bei den Straßensperren durfte ich nicht einmal fragen, ob jemand etwas gegen Aufnahmen hätte. Der Fahrer fürchtete Komplikationen und meinte, die behielten vielleicht sogar meine Kamera ein.

Es geschieht mal wieder alles ganz anders als erwartet. Kaum bin ich ausgestiegen, kommt ein großer, schlaksiger Mann auf mich zu. Sein Kurzhaarschnitt wirkt gepflegt. Er trägt dunkelblaue Jeans, made in USA, dazu einen Ledergürtel, außerdem eine weiße Jeansjacke über einem chicen, grau-weiß kariertem Hemd. Er bewegt sich so selbstverständlich in meine Richtung, als hätte er mich erwartet. Während er mir die Hand entgegenstreckt, sagt er freundlich in verständlichem Englisch: »How do you do? Ich bin der Oberste im Lager.«

Bei mir brechen alle Vorstellungen von blutrünstigen Banditen zusammen. Mir fällt nichts Besseres ein als: »Ich bin Ursula Meissner aus Deutschland, Fotojournalistin. Wie heißen Sie?«

Ein gewinnendes Lächeln, wie ich es von Hotelportiers kenne. »Man nennt mich Krokodil. Bitte kommen Sie, und vergessen Sie Ihre Kamera nicht. Sie wollen doch Aufnahmen machen, oder?«

Wahrscheinlich amüsiert er sich insgeheim darüber, daß ich erst mal perplex bin. Den ganzen Weg von Freetown bis hierher hatte ich Herzklopfen nicht nur der bewaffneten Banditen wegen. Ich befürchtete, daß man mir nicht erlauben würde, im Umerziehungslager zu fotografieren. Ich hatte von einem französischen Fotografen gehört, der vor einigen Wochen in dieser Gegend ausgeraubt worden war. Selbst die Hosen zog man ihm aus, weil die einem Rebellen gefielen. In Unterhosen schickte man den Franzosen in die Hauptstadt zurück. Dabei hatte der noch Glück.

Ganz allein folge ich Krokodil mit gezückter Kamera. Mein Fahrer warnt mich, er gebe mir drei Stunden, dann müsse er notfalls ohne mich nach Freetown zurück. Den Dolmetscher brauche ich nicht.

Ich frage mich, woher Krokodil wohl seinen Namen hat. Seine Zähne sehen normal aus. Aber ich weiß, Krokodile können sehr blutrünstig sein. Als ob er meine Gedanken lesen kann, beruhigt mich mein Führer: »Sie sind mißtrauisch, nicht wahr? Keine Sorge. Ich bringe Sie erst zu den Lagerältesten von Port Loko.«

Die sitzen friedlich unter einem großen Baum. Sie diskutieren offensichtlich über ein Dokument, das ihnen in einer in Großbuchstaben ausgedruckten Form vorliegt. Es ist der Friedensvertrag. Nun muß ich die Gruppe fotografieren. Den Friedensvertrag halten sie dabei genüßlich vor das Objektiv.

Wüßte ich nicht, was während des letzten Jahrzehnts an Grausamkeiten vor sich gegangen ist und daß die RFU kurz vor Jahresfrist in Freetown innerhalb zweier Wochen mehr als 6.000 Frauen und Männer der gebildeten Schicht nur deshalb niedergemetzelt hat, weil sie von den Rebellen nichts wissen wollten, ich hätte diesen freundlichen Ältesten von Port Loko ihr neues Erscheinungsbild, dieses »Seht alle her, die aus dem Ausland kommen, wir können kein Wässerlein trüben«, vielleicht abgenommen. So aber bedanke ich mich höflich, bedauere, daß ich ihnen mangels Postdienst kein Erinnerungsfoto schicken kann, und nehme anschließend erfreut zur Kenntnis, daß sie nach kurzem Palaver Krokodil offiziell zu meinem Führer bestimmen.

Krokodil beteuert immer wieder: »Keine Angst. Jetzt ist Frieden.« Er hat schnell gemerkt, daß es vielleicht nicht die beste Idee war, mir zur Einführung die große Gemeinschaftsküche zu zeigen. Dort liegen viele Messer herum. Manche sind riesig, so daß es keiner besonderen Phantasie bedarf, sich vorzustellen, was man mit ihnen alles machen kann. Deshalb bringt mich Krokodil nun zu Mammie Queen, der Sprecherin der Frauen bei den Rebellen.

Eine gutaussehende junge Schwarze sitzt mit Freundinnen in einem Hof zwischen den Baracken, sie läßt sich gerade ihre Haarsträhnen flechten. Bis sie die rundlichen Formen einer richtigen Mammie erreicht haben wird, dürfte noch etwas Zeit vergehen. »Ich weiß auch nicht, warum mich alle so nennen«, ziert sie sich. »Auch noch ›Queen‹ dabei.«

Das dürfte darauf zurückgehen, daß sie als Ehefrau eines Kommandeurs der RFU zusammen mit ihm plündernd und mordend fast ein Jahrzehnt hindurch das Land verunsicherte und nicht gerade als liebenswert galt. Jetzt wird sie Anfang 30 sein. Sie kleidet sich eher städtisch. Während sie mit Krokodil kokettiert, gesteht sie fast unwirsch auf meine Frage hin, ob viel Blut geflossen sei: »Natürlich. Es war doch Krieg.«

Die Gruppe ihres Mannes hat als eine der ersten bei der UNO Waffen abgegeben und dafür Geld bekommen, außerdem ein Quartier in Port Loko. Mammie Queen zählt bereitwillig auf, welche Vergünstigungen damit verbunden sind, und vergißt nie, freundlich in die Kamera zu lächeln.

Dank internationaler Hilfe, die gezielt der Befriedung Sierra Leones dient, muß in Port Loko niemand hungern. Es gibt sauberes Trinkwasser und sanitäre Betreuung. »Zweimal im Jahr«, freut sich die junge Mammie, »bekommen wir ein Taschengeld.«

Wasser und ausreichend zu essen nimmt sie offenbar als selbstverständlich. Die Schulungskurse jedoch, die den Männern geboten werden, scheinen ihr bemerkenswert. Die ehemaligen Kämpfer können unter einer Vielzahl von Berufen wählen, die ihnen ein ziviles Leben erleichtern sollen. Man bildet sie aus als Schneider, Schlosser, Tischler, Mechaniker, Schweißer, zu Kaufleuten und Elektroinstallateuren und vieles mehr. Haben sie den Beruf erlernt, sollen sie ein Darlehen von der Weltbank oder aus Mitteln der Europäischen Union erhalten, um sich selbständig machen zu können. »Ach ja«, sagt Mammie spöttisch, »fast hätte ich es vergessen. Man muß auch noch Vorträge über Demokratie und freie Wahlen anhören.« Die Männer können sich nicht beklagen. Den Frauen hingegen bietet man nur an, sich in der Kunst der Batik zu üben. Das empfinden ehemalige Kämpferinnen eher als Zumutung. »Man soll uns lieber Fernsehapparate und Videogeräte mit Kassetten geben«, meint meine Gesprächspartnerin. »Dann haben wir keine Langeweile.« Ihre Freundinnen pflichten ihr bei.

Ich bin glücklich, daß ich ungehindert fotografieren darf. Die Mammie schickt mich mit Krokodil zum Herrenfriseur. Dort soll ich aufnehmen, daß die ehemaligen Rebellen keine ungehobelten Burschen sind, sondern auf ihr Aussehen achten. Der Friseur wirbt mit *American Haircut*. Einer seiner Kunden parkt gerade ein nagelneues Motorrad vor der Tür.

Im Gefolge von Krokodil öffnen sich mir alle Türen. Auch die zur Palmweinbar und zu den Plätzen, an den Männer sichtlich begeistert Bingo spielen. Die Palmweinbar wirkt zu dieser Tageszeit verlassen. Bingo wird von morgens bis abends gespielt. Auffallend viele junge Leute tummeln sich zwischen den Baracken.

American haircut ist nicht das einzige, was sie am sonst verhaßten Amerika lieben. Die Haßliebe schließt auch T-Shirts mit aufgedruckter Werbung amerikanischer Firmen ein. Ein übermütiger junger Kerl hat sich sogar ein Tuch mit der amerikanischen Flagge um den Kopf drapiert. Das Sternenbanner ist deutlich zu sehen. Sein Freund gefällt sich mit der lächelnden Diana auf der Brust. Blue jeans, möglichst mit amerikanischem Herkunftsschild, sind anscheinend ein Muß. Waffen erspähe ich nirgends. Kein einziges Gewehr, nicht eine Pistole.

In Freetown wird behauptet, die RFU sei so gut ausgerüstet, daß ihre Leute einen Teil der Waffen im Busch verstecken und nur das, was ihnen überflüssig scheint, bei der UNO abgeben. Niemand weiß genau, wieviel bewaffnete Banditen der RFU es insgesamt gegeben hat und wie viele es vorziehen, plündernd umherzustreifen, statt ins Umerziehungslager zu gehen. Es wird wohl noch eine Weile dauern, bis man wirklich behaupten kann, daß der Bürgerkrieg beendet ist.

Ich spreche in Port Loko mit niemandem über Politik. Ich will nur fotografieren und meine Filme heil nach Freetown bringen. Die Rückfahrt ist so ereignislos wie die Hinfahrt. Die Kamera lasse ich wieder unter dem Sitz. In der Gegend, die wir durchfahren, sterben einige Wochen später ein amerikanischer Journalist und ein spanischer Fernsehkameramann unter den Kugeln bewaffneter Banditen. Sie eröffnen ganz plötzlich aus einem Hinterhalt an der Straße das Feuer. Zwei weitere Journalisten werden verletzt. Auch vier Regierungssoldaten eines Begleitkommandos sterben im Kugelhagel.

Dieses Ereignis berührt mich nachträglich tief. Ich habe mich immer wieder gefragt, ob ich auch nach Port Loko gefahren wäre, wenn dieser tragische Zwischenfall zeitlich vor meiner Reise nach Sierra Leone gelegen hätte. Ich weiß es wirklich nicht.

Am Tag nach meiner Fahrt ins Umerziehungslager werde ich frühmorgens unsanft geweckt. Eine Frau will mich sprechen. Sie steht unten vor der Haustür, die Arme in die Hüften gestemmt. Sie ist noch jung, aber breit und kräftig. »Du bist das also«, faucht sie mich an. »Wie konntest du meinen Mann dazu überreden, mit nach Port Loko zu fahren? Du hast bestimmt gewußt, wie gefährlich das ist. Wenn sie dich umbringen, ist mir das egal. Aber nicht bei meinem Mann.«

Ich muß eine richtige Strafpredigt über mich ergehen lassen. Sie gibt mir keine Möglichkeit, etwas dazu zu sagen. Laut schimpfend und drohend, zieht sie schließlich ab. Die Leute in den Hütten ringsum haben interessiert zugehört, weil hier sonst nichts passiert. Jetzt schauen sie mich nicht gerade freundlich an.

Ohnehin wäre es vermessen, in Sierra Leone die spontane Herzlichkeit gegenüber Ausländern zu erwarten, die Afrikanern sonst zu eigen ist. Nicht nur, daß Europäer und Amerikaner das Land fast ein Jahrzehnt hindurch mit seinem grauenvollen Bürgerkrieg ignoriert haben. Die Leute in Sierra Leone wissen sehr genau, auch wenn sie fast nie offen darüber reden, daß es in diesem Krieg nicht um irgendeine Ideologie oder um irgendwelche

Reformen geht. Es ist ein Diamantenkrieg, der nur so lange einen Sinn ergibt, so lange man für Diamanten Käufer findet: »Diamonds are a girls best friend.« Ein großartiger Werbespruch für eine heile, reiche Welt. Hier muß er heißen: »Diamonds are the war's best friend.« Ich hätte meinen Beruf verfehlt, würde ich nicht versuchen, das auch mit Fotos zu belegen.

Das meint das oft wiederkehrende Dilemma eines engagierten Fotojournalisten, der gezwungen ist, sich mit der Darstellung der halben Wahrheit zufriedenzugeben. Die eine Hälfte sind für mich hier zum Beispiel die Schweine, die sich grunzend im großen Flüchtlingslager von Krooby in Freetown im Morast unmittelbar neben den Hütten sielen. Hütten aus morschen Holzplanken, Pappe, Plastik und rostigem Wellblech, bei denen man nicht weiß, wie sie zusammengehalten werden. Gewiß, die Tausenden von Familien, die vor der Barbarei hierhergeflohen sind, kennen das hautnahe Nebeneinander von Mensch und Tier aus ihren Dörfern. Toiletten und fließendes Wasser gibt es dort auch nicht. Daß Wasser jetzt gelegentlich aus einem Brunnen in ein gräßlich stinkendes Auffangbecken zwischen ihren Notbehausungen fließt und von da weiter in eine Rinne, die in eine größere Rinne mündet, falls das Wasser bis dahin nicht verdunstet ist, ist vielleicht sogar ein Gewinn gegenüber früher.

Die Mutter hat nichts dagegen, daß ich ihren kleinen Sohn ablichte, der neben der Rinne auf einer rostigen Lackdose sitzt. Das ist besser, als wenn er nur in die Hocke ginge, um sein Geschäft zu verrichten. Die Dose kippt die Mutter anschließend einfach in die Rinne. Mit dem schwarzen Brack hat sie auch gleich das Wasser zum Waschen des Kindes. Ständigen Durchfall, Darmkrankheiten, Malaria, manchmal Cholera, den frühen Tod nehmen sie in Krooby inzwischen als selbstverständlich hin.

Viele Familien im Flüchtlingslager kommen aus dem Gebiet von Kono, dem Herzland der Diamanten. Dort müßte ich wie in Freetown, im Amputiertencamp oder in Port Loko fotografieren können. Aber dort bringt mich niemand hin. Ich wäre gezwungen, tagelang zu Fuß zu gehen. Im Diamantenland herrscht nämlich die Diamantenmafia, nicht die Regierung.

Sierra Leones Diamantenreichtum könnte ein Segen für das Land sein. Doch er wurde zum Fluch. Wer das in Wort oder Bild zu recherchieren und dokumentieren sucht, bleibt bei den Anfängen stecken. Das Diamantengebiet ist für Journalisten tabu, die Mafia läßt sich nicht in die Karten schauen.

Wer in Sierra Leone darüber Informationen sammeln will, trifft auf eine Mauer des Schweigens. Selbst kümmerliche Einzelheiten, die bei europäischen Verhältnissen in Archiven nachzulesen wären, werden in Freetown nur dann preisgegeben, wenn der Informant hundertprozentig sichergehen kann, daß sein Name nicht genannt wird. Menschenleben zählen nicht, wenn es um Hunderte von Millionen Dollars geht. Das zeigt der Krieg.

Zwischen Ruinen, unzerstörten Gebäuden, Marktständen und einer gewaltig wirkenden amerikanischen Botschaft hat Samir ausgehalten. Einer von zahlreichen cleveren libanesischen Geschäftsleuten, die Sierra Leone nach den Diamantenfunden als lukratives Betätigungsfeld entdeckten. Ein Libanese war lange Zeit hindurch engster Berater des Staatspräsidenten.

Samir, er heißt in Wirklichkeit anders, plaudert gerne mit mir, weil er herausgefunden hat, daß ich Beirut kenne. Er vertreibt Ersatzteile für Autos und alle möglichen Arten von Maschinen. Von ihm erfahre ich, »weil das schon lange zurückliegt«, daß wohlhabende Libanesen in Sierra Leone maßgeblich den Bürgerkrieg in ihrem Heimatland finanziert hätten. Die Christen die einen, die Muslime die anderen. Bis die Kämpfe im Gastland sie zeitweilig oder für immer aus Freetown vertrieben. Direkt oder indirekt waren sie im Diamantengeschäft involviert.

Mein Versuch, mit Fotos irgendeinen Zusammenhang zwischen dem Land und seinen Diamanten herzustellen, scheitert kläglich. Es gibt keine Reklame für Diamanten in irgendeiner der Banken, die geöffnet sind. Es gibt auch keine Juweliergeschäfte. Alle Gesellschaften, die früher mit dem Schürfen von Diamanten zu tun hatten oder die Diamanten aufkauften, um sie zum Schleifen nach Antwerpen oder Israel zu schicken, haben das Land längst verlassen. Der Diamantenhandel wird inzwischen über Nachbarstaaten abgewickelt.

Eine große Hoffnung auf ein interessantes Bild verschafft mir der Friedensvertrag. Der Vertrag sieht in Artikel VII die Gründung einer neuen staatlichen Behörde für Diamanten vor. Und zwar unter dem Namen »Kommission für das Management der strategischen Hilfsquellen, für nationalen Wiederaufbau und Entwicklung«. Sie allein wird künftig die Schürfrechte vergeben und den Handel mit den kostbaren Steinen regulieren. Wer wird Chef der neuen Behörde werden? Auch das steht im Friedensvertrag. Es wird kein anderer als der Anführer der RFU-Rebellen sein, Korporal Foday Saybana Sankoh. Jener Sankoh, der den Bürgerkrieg als Kampf um Macht und Diamanten ausgelöst hat. Da wird also, wie wir das umschreiben, der Bock feierlich zum Gärtner gemacht. Besiegelt mit den Unterschriften von fünf Präsidenten und zwei Außenministern afrikanischer Staaten. Als Behördenchef ist der Rebellenführer gleichzeitig Vizepräsident. Ein Beauftragter der Vereinten Nationen hat seine Ernennung gegengezeichnet.

Das neue, große Schild dieser Behörde soll mein nächstes Foto sein. Womöglich ist es an einem vom Bürgerkrieg gezeichneten, brandgeschwärzten Gebäude angebracht. Aber die Behörde ist erst im Entstehen. Einen Fototermin mit dem Vizepräsidenten, bei dem vielleicht ein kostbarer Stein auf dem Schreibtisch liegt, bekomme ich nicht. Dafür kenne ich zu wenig Leute. Auch kann mir keine Botschaft der Bundesrepublik weiterhelfen, deren Pressereferenten oft hilfreich sind. Für Sierra Leone gibt es keine eigene Botschaft. Freetown wird von der deutschen Botschaft in Conakry mit bedient, der Hauptstadt des benachbarten Staates Guinea. Das ist international durchaus üblich, daß eine einzige Behörde aus Kostengründen die Betreuung gleich mehrerer Länder wahrnimmt.

Aber ich will nicht gleich aufgeben. Ich frage Samir. Was meint er, soll ich mich an die Zollbehörde in Freetown wenden. Vielleicht hat die gerade trotz Krieg Diamanten vor der illegalen Ausfuhr konfisziert, und die Beamten würden sich stolz mit dem teuren Schmuggelgut der Kamera präsentieren? An wen müßte ich mich da wenden? Samir glaubt zunächst, ich scherze. Dann nennt er mich bei aller Welterfahrung fürchterlich naiv. Der Diamantenschmuggel würde schließlich über ganz offizielle Stellen laufen. Natürlich nicht in Freetown, damit ich nicht auf falsche Gedanken komme.

Flüchtlinge in Krooby erzählen mir, daß sie und ihre Freunde in der Nähe der amtlich lizenzierten Minen illegal nach Diamanten suchten. So wie es schon die Väter von ihren Vätern gelernt und es den Söhnen als etwas Selbstverständliches weitergegeben hatten.

Nach Art amerikanischer Goldgräber waschen dort Zehntausende armer Bauern Erde in großen, runden Sieben. Dagegen hat niemand etwas einzuwenden. Denn die wenigen, kleinen Diamanten, die die Privatsucher entdecken, müssen sie ohnehin an ein Kartell verkaufen, das die Mafia kontrolliert. Die Preise sind festgelegt. Aber das sei immer noch besser gewesen, als für die offiziellen Minenunternehmer zu arbeiten. Für einen Zehnstundentag bekommt man dort außer einer Schüssel Reis einen Hungerlohn von umgerechnet 20 Pfennig bezahlt. Manche Kinder, die barfuß im Wasser neben den Erwachsenen stehen, sind bei der RFU zu kleinen Soldaten avanciert.

Doch so einfach ist das mit den Diamanten nicht. Liberia, ein Bruderstaat, bewaffnete die Banden der RFU und schickte sie von seinem Territorium aus zum Bürgerkrieg über die Grenze. Liberia exportiert die geschmuggelten Diamanten. Wo diese schließlich landen, wird nicht nach dem Ursprungsland gefragt.

Meine Enttäuschung darüber, daß ich nicht zu den Diamantenfeldern fahren kann, hat sich unter den wenigen Weißen in Freetown herumgesprochen. »Würdest du trotz allem noch einmal dorthin fahren, wo Rebellen das Land kontrollieren?«

In unverfälschtem Schweizerdeutsch spricht mich eines Abends an der Theke einer der kümmerlichen Bierbars ein Mann an, den ich gleich für einen Arzt oder etwas Ähnliches halte. Er gibt sich so verständnisvoll, ist klein und blond und wirkt eher schüchtern. Erstaunlich, daß er mich anspricht. Aber ganz offensichtlich sucht er nicht das, was Männer sonst irgendwo weit weg von zu Hause bei einer Frau zu finden hoffen. Harald, Direktor einer Hilfsorganisation in Gland in der Schweiz, will Fotos von Leprakranken, um mögliche Sponsoren dazu zu bewegen, den Kranken zu helfen.

Lepra, im Mittelalter Aussatz genannt, ist eine Krankheit, bei der ein Mensch langsam verfault. Aussätzige wurden früher aus der Gesellschaft verstoßen. Die moderne Medizin vermag die von einem Bazillus verursachte Fäulnis im Frühstadium meistens aufzuhalten. Später können Arzneimittel die Folgen der Krankheit mildern. In tropischen Ländern sind heute noch rund zwei Millionen Leprakranke registriert. Wesentlich mehr siechen irgendwo ohne medizinische Betreuung dahin.

Aber blieb schon ein Bürgerkrieg mit 100.000 Toten unbeachtet, weshalb sollte sich dann die breite Öffentlichkeit im westlichen Ausland für die Leprakranken von Sierra Leone interessieren?

Am nächsten Morgen besuche ich Harald in seinem Büro. Er zeigt mir ein Album mit Fotos jener Frauen und Männer, deren Schicksal er als Physiotherapeut zu lindern versucht. Beim Anblick der Fotos stockt mir der Atem. Sie sind gräßlich.

»Vielleicht kann man das auch anders fotografieren?« will Harald wissen. Ich bin erst mal skeptisch.

Harald schildert mir ohne Umschweife, mit welchen Tücken sein Hilfsprogramm rechnen muß. Anfangs fanden die Leprakranken von Sierra Leone, um die sich niemand kümmerte, die Aufmerksamkeit einer internationalen Hilfsorganisation, die ADRA. Das sind bravouröse Frauen und Männer unterschiedlicher Nationalitäten und Altersgruppen, die sich unter dem Namen ADRA, »Adventistische Entwicklungs- und Katastrophenhilfe« weltweit zusammenfinden, um Not und Elend zu lindern.

Weit weg von der Hauptstadt baute die ADRA im Niemandsland ein vorbildliches Krankenhaus für Leprakranke. Es gibt kein zweites dieser Art in Sierra Leone. Helfer aus Europa und Amerika verpflichten sich auf Zeit für dieses Projekt. Bedauernswerte Kranke strömen aus dem ganzen Land herbei. Am Krankenhaus entstand ein Park, in dem die Leprakranken spazierengehen können. Immer mehr von ihnen, die entweder auf einen Arzt warten oder nach einer ersten Behandlung zunächst wieder entlassen werden, siedeln sich in der Umgebung an. Sie bauen sich aus Lehmziegeln feste Häuser. So entwickelte sich das Lepradorf Mazanga, neben dem Krankenhaus bei den Kennern der Szene weltbekannt.

Die sogenannten Rebellen haben Dorf und Krankenhaus längst ausgeraubt. Harald sagt: »Vom Hospital stehen nur noch die Mauern.« Er erzählt, daß die Aufständischen bereits seit geraumer Zeit das gesamte Gebiet kontrollieren, in dem Mazanga liegt. Dazu den größten Teil der Straße, die dorthin führt. Er versucht, trotz aller Widrigkeiten, immer wieder Lebensmittel, Kleider und einige Medikamente nach Mazanga zu bringen. Da ich ihm vertraue und wissen will, wie er das macht, fahre ich beim nächsten Mal mit.

Wieder gelten strenge Regeln für die Reise. Diesmal muß ich nicht nur die Kamera verstecken. Nichts, aber auch gar nichts soll die Aufmerksamkeit der meist jungen Banditen an ihren selbst eingerichteten Straßensperren erregen. Also keine Armbanduhr, keine Armreifen, keine Halskette, keine Ringe, keine auffällige Kleidung. Ich darf mich auch nicht schminken. Selbst bei abgetragener Kleidung soll ich darauf achten, daß nicht der Name einer Weltfirma aufgedruckt ist. Oder daß der Hersteller etwa sein Markenzeichen am Kragen oder an der Gürtelschlaufe angenäht hat. Ich wirke ziemlich abgerissen bei Reiseantritt und bilde mir sogar ein, daß meine alten Laufschuhe stinken.

Harald hat einen regelrechten Konvoi zusammengestellt. Zwei Jeeps und ein LKW, der mit Reissäcken und ungebündelten, alten Kleidern beladen ist. Alle Fahrzeuge haben ein großes, rundes Emblem: SSLDF, Swiss Developement Foundation Sierra Leone. Bei den Rebellen weiß man schon, wer das ist. Außerdem sind Fahrzeuge mit diesem schwer zu entfernenden Zeichen keine leicht verwertbare Beute.

Im ersten Jeep sitzt Harald neben dem Fahrer. Einem Einheimischen, der bereits öfters zu den Leprakranken gefahren ist. Harald hält eine mysteriöse schwarze Tasche zwischen den Knien. Ich weiß nicht, was er in ihr verbirgt. Er wirkt gefaßt, überhaupt nicht nervös. Hinten sitzt neben mir Hanni, eine Krankenschwester und temperamentvolle, resolute Frau von 67 Jahren. Wie Harald kommt sie aus der Schweiz.

Sie tätschelt ab und zu meine Hand, weil ich natürlich aufgeregt bin. Schließlich fährt man nicht alle Tage mitten ins Rebellengebiet von Sierra Leone. Hanni scheint das nicht weiter zu berühren, bis auf die schwüle tropische Hitze. Mit einem kleinen Handtuch wischt sie sich unentwegt Schweiß vom Hals, sie stöhnt dabei. Auch in unserem Jeep liegen hinten ein paar alte Kleider. Außerdem Medikamente mit fremdartigen Namen, mit denen die Rebellen nichts anzufangen wissen. Sie sind gezielt für mehrere Patienten ausgewählt.

Im zweiten Jeep sitzt ein einheimischer Arzt, der sich in Mazanga vorrangig um bestimmte Kranke kümmern wird. Auf dem LKW sitzen auch einige Männer, die zum Abladen mitfahren müssen. Denn Leprakranken mit angefaulten Fingern kann man das nicht zumuten.

Ich warte vergebens auf eine dramatische Straßensperre aus Sandsäcken und Stacheldraht, dort, wo der Einflußbereich der bewaffneten Banditen beginnt. Aber die Rebellen stehen ganz plötzlich vor uns auf der Straße. Die Fahrer müssen jäh bremsen, alle, die in und auf den Wagen sitzen, werden zur Gaudi der Bewaffneten heftig durcheinandergeschüttelt. Ich registriere Schnellfeuergewehre, Kalaschnikows und Handgranaten. Ein Halbwüchsiger schwenkt eine Antipanzerrakete und zielt damit, weil er das offenbar komisch findet, abwechselnd erst auf die Jeeps und dann wieder auf den LKW.

Die jungen Männer grüßen Harald und schauen nur flüchtig nach, wer im Jeep sitzt. Mir widmen sie, so wie ich heute aussehe, keinen zweiten Blick. Ich warte ab, ob Harald vielleicht einen Sonderausweis eines Rebellenführers besitzt. Jedoch stellt sich schnell heraus, daß der Schweizer viel zu klug ist, um sich auf irgendein Dokument zu verlassen, das vielleicht an einer Sperre keiner lesen kann. Denn nicht alle haben eine Schule besucht.

Harald entpuppt sich als vorzüglicher Menschenkenner. Er geht augenscheinlich davon aus, daß die jungen Kerle mit ihren todbringenden Waffen ernst genommen werden wollen. Aus seiner schwarzen Tasche kramt er Geldscheine hervor. Keine fetten

Dollars, sondern Leones, wie die hiesige Währung heißt. Damit kann man sich immerhin Zigaretten kaufen. Ich begreife rasch: Harald zahlt Wegzoll. Lächelnd verteilt der Physiotherapeut kleine Scheine, als ob das von jeher zur Methode des Heilens gehört. Es ist nicht viel, was er ihnen gibt. Pfennigbeträge. Er achtet sorgfältig darauf, daß keiner leer ausgeht. Den Rebellen gefällt das. Sie winken unseren Konvoi mit freundlichen Gesten weiter und verschwinden wieder im Busch. Die Szene wiederholt sich mehrmals auf unserem Weg. Harald achtet darauf, daß er noch genügend Geld für die Heimfahrt übrig hat.

Mazanga. Am Dorfrand werden wir von Hunderten von Kindern empfangen. Es hat sich blitzschnell herumgesprochen, daß der Konvoi wieder da ist. Manche können nur mühsam laufen, so krank sind sie. Am Dorfplatz, vor dem Büro des Bürgermeisters, werden die Reissäcke und die Kleider abgeladen. Eine Menschenmenge hat sich inzwischen angesammelt. Es herrscht überschäumende Freude.

Harald weint vor Glück. Auch Hanni und ich können die Tränen kaum zurückhalten. Die Leprakranken haben gleich gemerkt, daß ein Mediziner mitgekommen ist. Sie drängen, ja pressen sich vor, um ihre Geschwüre zu zeigen, als sei das etwas, das sie schmückt.

Immer mehr Kranke scharen sich um uns. Harald ist beim Bürgermeister. Hanni und ich werden getrennt. Die Kranken stürmen auf uns zu. Sie wollen irgend etwas haben, das wir vielleicht für sie mitgebracht haben. Mir gelingt es nur schwer, ihnen zu vermitteln, daß sie von mir nichts zu erwarten haben. Ich will bloß Aufnahmen machen. Unter diesen Umständen ist das allerdings schwierig, vor allem, weil ich versprochen habe, behutsam zu fotografieren. Möglichst keine Bilder wie aus einem Horrorfilm zu knipsen, obwohl es das Einfachste wäre.

Die Leprakranken versuchen immer wieder, mich anzufassen.

Sie wollen mir zeigen, daß nasse Fäulnis aus den Notverbänden an ihren Gliedern rinnt. Oder aus dem Gesicht. Sie wollen mich auf ihre kranken Füße mit den abgestorbenen Zehen aufmerksam machen, für die zur Zeit niemand mehr orthopädische Sandalen fertigt, mit denen sie wenigstens humpeln könnten. Schließlich verschaffe ich mir Luft, gehe zu Hanni. Die braucht dringend eine Herztablette aus dem Jeep. Kaum sitzen wir im Auto, schwappt aufs neue die Masse der Kranken heran. Jetzt wird mir angst und bange. Ich komme mir wie der Engländer in dem Film »Das indische Grabmal« vor. Einen Film, den ich als Kind mehrmals gesehen hatte. Er wurde immer am zweiten Weihnachtsfeiertag gezeigt.

Der Engländer, makellos weiß gekleidet, fährt im Auto zu den in Lumpen gehüllten Leprakranken. Eine hysterische Meute stürzt sich auf ihn. Er wird erdrückt. Der Arzt aus Freetown sieht, daß Hanni und ich Hilfe brauchen. Er verjagt die Zügellosen.

Hanni zeigt mir das Krankenhaus, in dem sie lange gearbeitet hat. Noch jetzt wirkt es mit seinen weißen Mauern in dem grünen Park paradiesisch. Einen Teil der medizinischen Geräte, etwa die des Operationssaals, haben die RFU-Banditen gleich an Ort und Stelle sinnlos zerschlagen. Anderes wurde mitgeschleift, dann irgendwo liegengelassen, wo es jetzt verrottet. Beim Mobiliar der Krankenzimmer kann man davon ausgehen, daß es inzwischen Hütten oder Zelte der Rebellen ziert. Kindersoldaten schlafen auf den Betten der Leprapatienten. In den ausgeraubten Zimmern des Krankenhauses flattert viel Papier. Bei genauerem Hinsehen sind es Krankenberichte, erarbeitet seinerzeit von Helfern, die sich nahezu aufgeopfert haben.

Nun versuche ich, zurückhaltende, aber eindeutige Fotos zu machen. Einige der Kranken begreifen, was ich will. Sie spielen mit. Ich nehme zum Beispiel einen Knaben zusammen mit seinem Vater auf, dessen Hände die ersten Anzeichen der Krankheit erkennen lassen, während die Hände des Vaters schon abgestorben, also abgefault sind.

Viel später erfahre ich von Harald, daß mir in Mazanga Fotos gelungen sind, mit denen die ADRA jetzt in den USA erfolgreich um neue Sponsoren wirbt. Ich freue mich sehr darüber. Eine schönere Anerkennung meiner Arbeit gibt es nicht.

Wir müssen im Rebellengebiet übernachten. In Makeni, zu dieser Zeit eine Hochburg der RFU. Unser Quartier ist eine frühere Schule der CARITAS. Selbstverständlich wurde sie auch ausgeplündert. Um das Gebäude zieht sich eine Mauer. Den Hof betritt man durch ein rostiges Eisentor. Wir werden von Rebellen mit Maschinenpistolen beschützt. Wie Harald das arrangiert hat, weiß ich nicht.

Wir schlafen zu zehnt in einem Raum. Immerhin auf Holzbrettern, nicht auf dem blanken Boden. Als mitten in der Nacht Dachziegel auf den Hof fallen, schrecken alle auf. Aber es waren nur Ratten.

Die Rückreise nach Freetown ist nicht so ereignisarm. Betrunkene Banditen halten uns auf. Sie torkeln um die Autos herum, gestikulieren mit ihren Waffen. Zwei Halbwüchsige scherzen mit Hanni. »You are my mother«, bedeutet ihr der eine immer wieder, »how old are you?« – »What are you doing?« will der andere von ihr wissen. Dazu dieses Angst einflößende Herumfuchteln mit den Waffen. »Ich bin Krankenschwester«, antwortet Hanni. Das scheint sie aus irgendeinem Grund zu amüsieren. Sie biegen sich vor Lachen.

Harald scherzt mit den Bewaffneten, verteilt seine letzten Leones. »Ihr habt überhaupt keinen Palmwein für mich übriggelassen?« Sie bedauern, vertrösten ihn auf das nächste Mal. Wie gut, daß sie nicht wissen, daß Harald als Adventist keinen Alkohol trinkt. Wir dürfen unangefochten weiterfahren.

Als Mann verkleidet in Afghanistan

Ein kleines blaues Herz überbrückt zwei Welten. Kein kitschiges Anhängsel, wie sie im Bazar von Peshawar grob geschmiedet aus Silber oder auch nur aus Blech herumliegen, zwischen ansehnlichen Krummdolchen in kunstvoller Scheide, zierlich ziselierten Armreifen und Ketten aus schimmerndem Lapislazuli.

O nein, ein kleines Herz, das sich Babrak vermutlich mit einem Kugelschreiber auf die Innenfläche der linken Hand gemalt hat. Babrak ist der stattliche Anführer einer kleinen Gruppe von einem Dutzend mit Maschinenpistolen und Eierhandgranaten bewaffneten islamischen Mudschaheddin. Heiligen Kriegern, die für ihre Freiheit kämpfen. Eine Woche lang, vielleicht sind es auch schon zehn Tage, bin ich mit ihnen in einer menschenleeren Steinwüste unterwegs.

Ich bin als Mann verkleidet. Weil ich nicht bereit war, meine blonden Haare radikal abschneiden zu lassen, muß ich sie unter einer dicken Wollkappe verstecken. Ein Turban könnte zu leicht verrutschen, meinte man. Einfachste Kappen aus braun gefärbter Schafwolle sind hier auf dem Land bei jüngeren Männern durchaus üblich. Ich komme mir allerdings wie ein Dorfdepp vor, denn dazu trage ich weitgeschnittene Pumphosen aus grüner dünner Baumwolle, die unentwegt um meine Beine schlottern. Darüber, aus dem gleichen Stoff, ein kaftanähnliches Hemd mit langen Ärmeln. Ausgelatschte Turnschuhe, die reif für die Mülltonne sind, passen dazu hervorragend. Aber ich kann gut in ihnen gehen. Und nur das zählt. Glücklicherweise gibt es keinen Spiegel, der mir mein neues uncharmantes Erscheinungsbild vor Augen führt.

Babrak weiß als einziger in der Gruppe, daß ich eine Frau bin. Er hat mich in einer weißen Bluse gesehen. Gekämmt und geschminkt, so gut das in der pakistanischen Provinz eben ging.

Warum würdigt er mich dennoch keines Blicks? Gehört er ebenfalls zu den strenggläubigen Moslems, die bis zur Hochzeit keine Frau anrühren und deshalb so tun, als gebe es Frauen nicht? Ist da ein unsichtbarer Graben zwischen ihm und mir, der sich nicht überbrücken läßt? Ich würde nur zu gern ab und zu mit ihm reden, weil er schließlich etwas Englisch kann. Doch er müßte den ersten Schritt tun. Er geht unmittelbar vor mir in der Gruppe. Von Mann zu Mann wird ein gewisser Abstand gehalten, damit man sich bei Gefahr vor Hubschraubern der Russen besser verstecken kann. Ich habe gerade einen Schnürsenkel neu gebunden und bin deshalb auf den letzten Platz zurückgefallen.

Da geschieht es. Babrak dreht sich unversehens um. Er hebt blitzschnell die linke Hand, zeigt mir das blaue Herz und läßt danach den Arm wieder jäh fallen. So weit ich es erkennen kann, verzieht er keine Miene dabei. Dann läßt er mich stumm an sich vorbei. Er will das Schlußlicht sein, weil er dann alles überblikken kann.

Ich bin so verdattert, daß ich nicht einmal ein unverfängliches »Hallo, Babrak!« hervorbringe. Das hätte er wohl auch nicht gewollt. Denn während der nächsten zwei Wochen, in denen wir noch unterwegs sind, gibt er mit keinem Blick, keiner Gebärde, schon gar keinem neuen Herz zu erkennen, was er fühlt.

Meine stille Hoffnung, er werde vielleicht ein zweites Mal sich ein Herz in die Handfläche malen, diesmal rechts, erfüllt sich nicht. Sie ist ohnehin nur meiner Unkenntnis islamischer Gepflogenheiten zuzuschreiben. Mit der rechten Hand reinigen sich die Moslems. Wird zum Beispiel zu einer Mahlzeit Reis in der Schüssel angeboten, benutzen die Strenggläubigen stets die linke Hand, um kleine Bällchen zu formen, die sie ebenfalls mit der Linken zum Mund führen. Es ist auch nicht üblich, sich bei der Begrüßung die Hand zu geben.

Bei den einfachen Afghanen zählt ein Handschlag noch immer so viel wie bei uns eine Unterschrift. Sie halten das gegebene Wort.

In Peshawar wurde Babrak aufgetragen, sich um mich und das Fernsehteam zu kümmern. Ohne besondere Bezahlung. Das tut Babrak vom ersten bis zum letzten Tag. Blaues Herz hin oder her. Wie habe ich mir doch später bei Reisen in anderen Entwicklungsländern oft einen Babrak gewünscht. Meistens ist es schwer, selbst für viel Geld einen verläßlichen Begleiter zu finden. Babrak knackt mir stets die Nüsse, wenn wir welche finden. Weil er sieht, daß ich sie entweder mit Steinen zermalme oder mich vergeblich mit den Händen schinde. Er bremst das Tempo unserer Gruppe, wenn er merkt, daß ich nur schwer mithalten kann. Er zeigt sich verständnisvoll, wenn wir ihm erklären, warum wir Aufnahmen bei Sonnenaufgang oder bei Sonnenuntergang haben wollen.

Trotzdem ist dieser Marsch mit den Mudschaheddin durch Afghanistan mit vielen Unwägbarkeiten belastet. Sollte Babrak etwas zustoßen, was dann? Er scheint tatsächlich der einzige unserer Afghanen zu sein, der dieses Gebiet auch ohne Landkarte kennt.

Es ist meine erste Reise in ein Krisengebiet. Möglich wird dieser ungewöhnliche Ausflug, weil mein damaliger Freund und heutiger Ehemann zu jener Zeit als Studioleiter des ZDF für Südostasien mit Sitz in Singapore auch zuständig für Afghanistan ist. Als Nahostkorrespondent hatte er vorher ein Jahrzehnt hindurch engen Kontakt mit den Fedajin, den Freiheitskämpfern der Palästinenser. Sie hatten ihn mit seinem Kamerateam sogar einmal als Geiseln festgehalten. Afghanistan schreckt ihn nicht. Er war bereits mehrmals mit den Mudschaheddin im Gebirge unterwegs, ehe er mich ermunterte, doch einmal mitzukommen. Der indische Kameramann, der mit von der Partie ist, hatte nichts dagegen. Er meinte, daß es dann nicht so langweilig würde. Kosten entstanden weiter auch keine. »Die sind nicht hoch, weil wir ohnehin kein Auto mieten können, sondern die meiste Zeit zu Fuß gehen müssen. Das Hotel sparen wir, weil wir entweder im Freien schlafen oder auf irgendeinem Hof unterkommen. Zum Essen nehmen wir ein paar Dosen mit. Oft werden wir eingeladen. Viel gibt's ohnehin nicht.«

Freunde, Ehemänner, sind nach meiner Erfahrung meistens recht wortkarg, was ihre Arbeit angeht. Gedruckte Reiseführer sind dann für allgemeine Informationen nützlich. Da erfährt der Tourist zum Beispiel, daß in Afghanistan auf dem »Dach der Welt« im Pamir-Gebirge die Grenzen Chinas, der Sowjetunion, Pakistans und Afghanistans zusammenstoßen. Aber wer will schon die 6.000er auf diesem Dach erklimmen? Außerdem steht geschrieben, daß das Land um die 20 Millionen Einwohner hat, fast ausschließlich Moslems. Sie sind sehr arm, und ihre Lebenserwartung gehört im Schnitt zu der niedrigsten auf der Welt. Sie können sich ausrechnen, daß sie kaum älter als 40 Jahre werden. Ungefähr 90 Prozent der Bevölkerung können weder lesen noch schreiben.

Ich möchte jedoch möglichst viel wissen, was nicht im Reiseführer steht. Mir und anderen, die neugierig sind, kommt zugute, daß man Geschäftsleute, Experten für Hilfsprogramme, auch Diplomaten, die im Ausland gelebt haben, zu Hause kaum nach ihren Erfahrungen befragt. Dabei plaudern sie gern mit gelegentlichen Bekannten, wenn sie sicher sein können, daß das, was sie aus ihrem Nähkästchen hervorholen, am nächsten Tag nicht in der Zeitung steht. So erfahre ich von einem ganz anderen Afghanistan. Eines, das mich zu äußerster Vorsicht mahnt. Ein Afghanistan, in dem religiöse Würdenträger, ermutigt durch die Machtübernahme Khomeinis im benachbarten Iran und angestachelt von der Invasion der Sowjetarmee in ihrem Land, sich allen Reformen widersetzen. Wo die Purdah abgeschafft worden war, bringen sie die Purdah zurück. Das ist die Isolierung der Frauen von allen Männern mit Ausnahme jener, die zur nahen Verwandtschaft gehören.

Der Krieg gegen die Russen stärkt die Stammesfürsten und ihre Krieger, die ihre Unabhängigkeit gegenüber einer Zentralregierung bislang auf merkwürdige Weise kundtaten. Sie weigerten sich erfolgreich, den Bau befestigter Straßen durch ihr Gebiet zuzulassen. Die Waffen sitzen seit jeher locker. Menschen werden ohne weiteres erschossen, wenn es beispielsweise auf dem Land um den Besitz einiger Bäume geht.

In einer Region, wo bis in die Jetztzeit alles durcheinandergeht und wo fast nichts so abläuft, wie bei uns, wundert es mich nicht, daß mein Ausflug nach Afghanistan zunächst vom erfolgreichen Verlauf zweier Besuche abhing. Ich mußte mich in Pakistan beim Staatspräsidenten Zia al-Haq vorstellen, der prüfen wollte, ob ich auch wirklich seriös sei. Er fürchtete Komplikationen wegen einer deutschen Fotografin bei den Mudschaheddin, internationale Komplikationen. Sonst wäre es wohl egal. Außerdem wollte ein Anführer der Freiheitskämpfer sich persönlich davon überzeugen, ob ich für Fußmärsche durchs afghanische Gebirge tauge. Mir schwante, das könnte so etwas Ähnliches sein, wie man einen Hammel auf die Schlachtreife prüft.

Für jeden Besuch bei Zia al-Haq wurde damals strenge Diskretion vereinbart. Doch Zia ist inzwischen längst tot. Er wurde Opfer eines Terroranschlags. Nur zufällig war ich nicht an Bord des Flugzeugs, das er mit dem amerikanischen Botschafter bestieg. Ich war eigentlich von ihm persönlich eingeladen, ihn in Pakistan in Aktion zu fotografieren. Unbekannte schmuggelten eine Bombe an Bord der Maschine. Sie explodierte während des Flugs. Ich hatte einfach Glück, daß ich nicht dabei war.

Zia al-Haq, Präsident eines 75-Millionen-Volks, ist gläubiger Moslem wie nahezu alle Pakistanis. Er ist immerhin so aufgeschlossen, daß er von einer Ausländerin nicht einmal ein Kopftuch bei einer Audienz verlangt. Wäre ich aber im Mini erschienen, hätten mich seine Sekretäre oder die Palastwachen bestimmt zurückgewiesen. Ich trug lange Hosen und sogar zusätzlich eine Jacke über der hochgeschlossenen Bluse. Trotz der Hitze.

Den Präsidenten hatte ich in Generalsuniform erwartet, in der ihn alle offiziellen Fotos zeigen. Er ist relativ klein und hat glatt anliegende Haare. Die Uniform läßt ihn stattlicher erscheinen. An diesem Tag war er in einen simplen weißen Baumwollkaftan über weitgeschnittenen, weißen Hosen gehüllt. Der Präsident, mein Freund und ich saßen an einem kleinen Tisch aus dunklem Tropenholz. Ein Diener servierte Tee und reife Datteln, außerdem gelierte Süßigkeiten.

Ich warte auf die peinlichen Fragen des Präsidenten. Peinlich für mich, weil ich vermute, er testet meinen Wissensstand in der großen Politik. Darum kreisen schließlich die Beziehungen zwischen Pakistan, Afghanistan, der Sowjetunion, China, den USA und dem Rest der Welt. Und davon verstehe ich nichts.

Aber wie man sich doch irren kann. Zia scheint froh, daß er die Politik für 20 Minuten vergessen darf. Er will wissen, ob alle jungen Frauen in Deutschland gern in fremde Länder reisen. Ob mir das ungewohnte Klima zu schaffen macht. Ob ich gern Tee trinke. Nur zum Schluß meint er, für eine Frau, noch dazu für eine junge Frau, sei es zur jetzigen Zeit nicht ganz ungefährlich, Afghanistan zu besuchen. Jenseits der Grenzen von Pakistan sei es leider nicht möglich, mich zu beschützen. Beim Fotografieren sollte ich sehr, sehr vorsichtig sein. Zum Abschied lacht er. »Schade, daß Sie keine Kamera dabeihaben. Dann könnten Sie ein Porträt von mir machen. Ich brauche dringend neue Aufnahmen.«

Als ob der alte Fuchs nicht wüßte, daß man mir vorher eingeschärft hat, Aufnahmen seien bei dieser Audienz nicht gestattet.

Ich bin danach unsicher, ob ich die Prüfung bestanden habe. Mein Freund meint nur: »Gut gemacht.« Aber ich habe immer noch nicht ganz begriffen, warum wir in den Palast gehen mußten. Er klärt mich auf: »Nicht nur das Bakschisch kann in diesen armen Ländern wichtig sein. Noch wichtiger sind unter Umständen Beziehungen. Wir bekommen kein Dokument mit der Unterschrift des Präsidenten. Keinen Sonderausweis. Aber in bestimmten Bereichen des Staatsapparats wird von nun an ein Papier mit dem Kürzel des Präsidenten unterwegs sein, auf dem unsere Reise befürwortet wird.«

Es ist wohl tatsächlich so, daß eine Reise in das Afghanistan der Mudschaheddin ohne Beziehungen zu Pakistan fast unmöglich ist. Eine Kollegin von mir, Jan Goodwin von Lady's Home Journal, hat das zu spüren bekommen. Sie verschwieg selbst der amerikanischen Botschaft in Jallalabad, der Hauptstadt Pakistans, ihre Absicht, als Mann verkleidet mit Freiheitskämpfern nach Afghanistan zu fahren. Aus Peshawar, der Zentrale der pakistanischen Nordwestprovinz, wird sie von Mudschaheddin in einem Jeep zur Grenze geschmuggelt. Unerkannt passiert sie mehr als ein Dutzend pakistanischer Kontrollen. Dann wird sie unmittelbar an der Grenze von pakistanischen Milizen entdeckt, verhaftet, der Polizei und dem Geheimdienst übergeben. Sie wird verhört und verhört, man bringt sie dazu, Protokolle zu unterschreiben, die sie gar nicht lesen kann, weil sie in einer ihr fremden Sprache abgefaßt sind. Schließlich wird sie aus Pakistan ausgewiesen. Als US-Bürgerin wohlgemerkt.

Aber warum muß ich trotz Zias Segen nun noch zur Fleischbeschau? Weil man anscheinend auch zu den Mudschaheddin Beziehungen haben muß, um im Land auf die richtige Weise voranzukommen.

Was ich als erstes sehe, ist ein schmuckloses Haus am Stadtrand von Peshawar. Umgeben von einer großen Mauer, die fast so hoch ist wie der Dachfirst. An jeder Mauerecke sind Türmchen mit Schießscharten, wie ich sie sonst nur von Gefängnissen mit Hochsicherheitstrakt kenne.

Kommen die Russen bis hierher? Weit gefehlt. Aber es gibt an die 30 verschiedene Gruppierungen von Freiheitskämpfern, die manchmal nicht nur auf die Sowjets, sondern auch aufeinander schießen.

Hinter dem Tor sind nur bewaffnete Männer zu sehen. In einem kleinen, schmucklosen Raum mit einem winzigen Fenster erwartet uns hinter einem blanken Holztisch ein Krieger mit Turban, malerisch um die Schultern drapiertem bunten Tuch und Krummdolch. Neben ihm stehen einige andere, unscheinbare Krieger. Einer davon ist Babrak. Ich bin normal gekleidet. Die Männer schlagen trotzdem vor mir die Augen nieder, als hätte ich es darauf abgesehen, mit ihnen zu flirten. Nur der Anführer gibt sich gelassen. Die Hand streckt er mir nicht hin. »Ich heiße Massoud«, stellt er sich vor.

Mein Freund und ich sitzen ihm auf einer Bank am Tisch gegenüber. Massouds Englisch ist recht gut. Die Preliminarien erschöpfen sich im »Woher?« Das »Wohin?« weiß allerdings nur er. Es scheint, als liebte er Deutschland. Von den großen Städten gefällt ihm besonders München. Mir liegt auf der Zunge zu fragen: »Wegen des Biers?« Dann fällt mir noch rechtzeitig ein, daß zwar viele angeblich strenggläubige Moslems am liebsten Bier in ihre Heimat einführen würden. Aber nach außen müssen sie so tun, als trinken sie auch in der Fremde keinen Alkohol.

Dann geht es zur Sache. Ich muß aufstehen. Massoud kommt zu mir, tastet meine Waden ab. Sein Schultertuch verdeckt dabei diese Szene vor den anderen. Er nickt anerkennend. »Sie treiben viel Sport?«

»Ich spiele Tennis.«

»Es wird sehr anstrengend für Sie sein. Auch wenn Sie nichts tragen müssen.«

Er meint, ich sollte keine Stiefel anziehen. Da bekäme ich nur blutige Blasen. Ganz leichte Schuhe, lautet seine Empfehlung. Meine Verkleidung als Mann soll mich nicht vor seinen eigenen Leuten schützen. Aber wir würden auch anderen begegnen, und ich soll mich in der Verkleidung erst einmal an Afghanistan gewöhnen.

Dann zählt er an den Fingern ab, was ich nicht darf. Mein langes blondes Haar nicht zeigen. Mein Hemd unter dem Kaftan nicht öffnen, auch nicht den Knopf ganz oben am Hals. Ich werde fürchterlich schwitzen. »Das Hemd wird ganz naß sein. Aber die Männer, die sie begleiten, schwitzen auch.«

Keinen Schmuck tragen, keinen Ring. Er zeigt mit dem Finger auf Babrak. »Er wird der Anführer der Gruppe sein. Er gibt die Befehle. Er kennt sich aus.«

Alle Aufnahmen müssen mit Babrak abgestimmt werden. Die Kamera habe ich sofort wegzustecken, wenn wir anderen Freiheitskämpfern begegnen. Ebenfalls dann, wenn Frauen in der Nähe sind. Auch keine Fotos, wenn die Mudschaheddin sich waschen, den Bart pflegen oder wenn sie beten. Nicht zärtlich zu meinem Freund sein in Gegenwart von Kriegern. Schon gar nicht ihn küssen.

Unser Ziel sind Dörfer im Kriegsgebiet. Wir wollen sehen und filmen, wie die Bauernfamilien dort leben. Babrak weiß, daß wir die Front vermeiden wollen. Es gibt aber viele Hubschrauber der Russen mit Bomben und Raketen. Deshalb müssen wir uns vielleicht manchmal im Dunkeln bewegen, um weiterzukommen. Mit der Front ist es ihm ernst. Ich sei ihm zu unerfahren, um mich dahin zu schicken, wo gekämpft wird. Ich höre das erleichtert. Kriegsspiele aufnehmen will ich ohnehin nicht. Massoud versucht auf seine Weise, mir die Verbote schmackhaft zu machen. »Das nächste Mal dürfen Sie die Mudschaheddin als Frau begleiten.« Er sieht es wohl als selbstverständlich an, daß jemand, der nach Afghanistan reist, ein zweites Mal wiederkommen will.

Bis Babrak ein Dutzend erfahrener Männer gesammelt hat, werden noch einige Tage vergehen, meint der Anführer zum Schluß. Die könnten wir ja anders nutzen. Vielleicht mit Dera? Das findet mein Freund großartig. Ich soll mich überraschen lassen.

Auch nach Dera kommt man nicht ohne Beziehungen, obwohl es eindeutig und ausnahmsweise unumstritten zu Pakistan gehört. Es liegt im Grenzgebiet.

Nach diesem Dera sind wir mit einem Jeep von Peshawar eine halbe Stunde auf einer schlechten Straße unterwegs. Als die ersten flachen Häuser zu sehen sind, wird das Geräusch unseres Autos von Schüssen übertönt. Immer mehr Schüsse höre ich. Eine Hochzeit? Ein Begräbnis? Oder gar eine Auseinandersetzung zwischen Kriegern verfeindeter Stämme?

Besonders unser indischer Kameramann weidet sich an meiner Unkenntnis. Ich bin ja die einzige im Jeep, die nicht weiß, was ihr gleich geboten wird.

Es ist einer der seltenen Besuche von Fremden in einem riesigen Dorf, in dem keine Bauern leben. Hier gibt es nur Büchsenmacher und Waffenschmuggler. Die Frauen und Kinder, wenn es welche gibt, halten sich versteckt. Aus gutem Grund.

Gruppen bärtiger Krieger stehen auf der breiten Straße zwischen den Lehmhäusern herum, sie haben Patronengurte martialisch über die Schultern oder auch nur um den Bauch geschlungen. Daraus bedienen sie sich, wenn sie mit Gewehren, Revolvern oder Maschinenpistolen genug herumgefuchtelt haben. Dann zielen sie auf unsichtbare Vögel und schießen unbekümmert in die Luft.

Ich weiß von meinem Vater, einem begeisterten Jäger, wie wichtig das Sichern geladener Waffen ist. In Dera würde er ausgelacht. Da wird mit den Waffen hantiert, als ob sie Kinderspielzeug wären. Es gibt auch keine Polizei. Nur eben diese schießwütigen Krieger.

Ich bin froh, daß ich ein Kopftuch umgebunden habe. Womöglich würde ein übermütiger Bursche aus Spaß auf meine blonden Haare zielen.

Hamid, unser Begleiter an diesem Tag, ist in den Werkstätten und in den Läden zu Hause. Er kennt alle, alle kennen ihn. Vermutlich ist er ein Verbindungsoffizier der Regierung, ein Mann vom Geheimdienst der Pakistanis. Filmen und fotografieren sind wieder einmal tabu. Es sei denn, Hamid erlaubt es. Das überlegt er sich sehr genau.

Niemand konnte mir präzise sagen, wie lange Dera schon von Waffen lebt. Geographisch ist der Ort angesiedelt, wo Zehntausende von Nomaden seit Jahren unbekümmert um Grenzen mit ihren Herden auf der Suche nach Futter über die zum Teil recht trockenen Weiden ziehen. Sie waren zunächst kaufkräftige Kunden für handgefertigte Gewehre. Bald fanden die Büchsenmacher heraus, daß sich mit einem erweiterten Angebot auch mehr verdienen läßt. Als hätten sie die Konflikte in der Region vorausgesehen, besorgten sie sich rechtzeitig die nötigen neuen Werkzeuge und Maschinen, außerdem erfolgreich getestete Handfeuerwaffen aus aller Welt, einschließlich schwerer Maschinengewehre. Schon nach kurzer Zeit sind sie Meister im Kopieren. Eine Kalaschnikow-Maschinenpistole in Dera gefertigt, ist selbst von Fachleuten von einer Kalaschnikow, made in UdSSR, kaum zu unterscheiden. Auch Gewehre für Scharfschützen sind kein Problem. Nur die Zielfernrohre müssen aus dem Ausland kommen.

Die nachgebauten Waffen machen inzwischen nur noch einen

bescheidenen Anteil vom Umsatz aus. Das Dera, das ich zu sehen bekomme, ist seit der sowjetischen Invasion Afghanistans dank seiner zentralen Lage und dank seiner guten Verbindungen zu afghanischen Stämmen ein Zentrum des Waffenschmuggels für die Mudschaheddin. Unter diskreter Aufsicht, doch mit Duldung der pakistanischen Regierung.

Die Mudschaheddin bekommen zum einen Geld von reichen islamischen Staaten, die am Öl verdienen. Gleichzeitig haben die USA ein Interesse daran, die Sowjets in Schach zu halten. Der CIA wendet viele hundert Millionen Dollar für die Unterstützung der afghanischen Freiheitskämpfer auf.

Fast ausschließlich sowjetische Waffen werden nach Pakistan geschickt und von da aus weitergeleitet. Neben den halboffiziellen Lieferungen blüht der Waffenschmuggel, weil sowohl Pakistan wie auch die USA einige der Mudschaheddin nicht unterstützen wollen. Aber jeder bekommt hier genug.

Berge von Kisten und kleinen Containern mit Markierungen in kyrillischer Schrift stehen abseits der Häuser unter freiem Himmel herum. Oder werden in Lagerhallen gestapelt, deren Türen nicht einmal verschlossen sind. Hamid läßt uns allerdings auch ohne Kamera nicht an die Kisten heran. Unser Begleiter erzählt uns, die afghanische Armee wurde an russischen Waffen ausgebildet, von russischen Beratern. Nach der Invasion der Russen sind fast zwei Drittel der 100.000 afghanischen Soldaten zu den Freiheitskämpfern desertiert. »No problems«, sagt Hamid vergnügt.

Für das Dutzend unserer Begleiter, die Babrak anführt, bin ich ganz einfach der dritte Mann im Fernsehteam. Das funktioniert. Doch ich bin unglaublich schmutzig, ich schwitze, bin müde und hungrig. Zogen die Krieger der Perserkönige, von Alexander dem Großen und schließlich britische Soldaten so durch den legendären Khyber-Paß zwischen dem heutigen Pakistan und Afghanistan?

Ich hatte tatsächlich geglaubt, die museumsreife Dampflokomotive würde noch alte Holzwaggons über Dutzende von Brükken und durch zig Tunnels ziehen. Den Khyber-Paß mit der Schrottbahn und einer der abenteuerlichsten Straßen der Welt bekomme ich überhaupt nicht zu Gesicht.

Nachts will sich niemand an den Haarnadelkurven der tiefen Schluchten versuchen. Tagsüber sind sowjetische Flugzeuge gefürchtet, obwohl sie dabei pakistanisches Gebiet überfliegen. Also fahren wir mit klapprigen Jeeps auf Umwegen über Stock und Stein. Bis dahin, wo man nur noch zu Fuß weiterkommt. Romantische Vorstellungen von gefährlichen Reisen verlieren sich so ganz schnell, egal, wie phantasievoll das Land in Büchern beschrieben wurde.

Plötzlich weiß ich, was mir schon lange Zeit zu schaffen macht. Ich zupfe meinen Freund am Ärmel: »Ich muß ganz dringend.«

Vereinbart ist, daß wir uns dann gemeinsam gerade so weit von der Gruppe entfernen, daß uns niemand mehr sieht. Aber nicht zu weit, so daß wir sie wiederfinden. Leider gibt es dort, wo wir entlangziehen, nur wenige große Büsche. Eher große Felsbrocken. Nach einigen Tagen habe ich gelernt, meine Blase auf mögliche Verstecke auszurichten. Manchmal ist mir das wichtiger, als auf das Flattern von Hubschrauberrotoren zu lauschen oder den Himmel nach Düsenjägern abzusuchen, deren jaulende Turbinen man ohnehin erst hört, wenn sie im Tiefflug schon vorüber sind.

Babrak scheint hier zu Hause zu sein. Es hat schon lange nicht mehr geregnet, die Flußläufe und Bachbette sind ausgetrocknet. Da führt er uns hindurch, weil überall große Steine herumliegen. Ich habe noch kein Geräusch gehört, als Babrak plötzlich laut schreit und gestikuliert. »Hubschrauber«, brüllt mein Freund und reißt mich hinter einen Stein. Unsere Krieger sind mit einem Mal alle zwischen Geröll verschwunden, als hätten sie den Ernstfall im Lager in Pakistan geübt.

Es sind gleich zwei russische Kampfhubschrauber, die anscheinend Patrouille fliegen. Sie entdecken uns nicht. Wir hinterlassen im sandigen Geröll keine Spuren. Auch gibt es keine Gewehrläufe, die verräterisch in der Sonne glitzern. Das Metall der Waffen ist matt. Gut, daß sie niemand poliert. Die Handgranaten an den Gürteln sehen so aus, als hätte sie jemand in eine schmutzige Brühe getaucht. Hervorragende Camouflage.

Kaum haben wir das erste Dorf mit weit gestreuten Lehmhäusern, Strohdachhütten und einem großen Platz irgendwo in der Mitte erreicht, als Babrak uns mit aufgeregten Gesten hinter eine Mauer winkt. Die anderen haben sich auch irgendwo verdrückt. Mir stockt der Atem. Russen? Unser Begleiter beruhigt mich: »Frauen.«

Ähnliches hat er sogar schon in Dörfern in Pakistan erlebt. Es handelt sich um die berüchtigte Purdah, die den Frauen Kontakt mit Männern außerhalb der Familie verbietet. Es betrifft nicht nur Ungläubige, die die Gesichter der Frauen nicht sehen sollen.

Ein Loch in der Mauer erlaubt einen verblüffenden Einblick ins dörfliche Leben. Im Dorf weiß man anscheinend bereits, daß fremde Männer kommen. Deshalb haben die Frauen den Schleier angelegt, der sonst die Arbeit einer Landfrau eher behindert. Dieser Schleier kann meiner Meinung nach zunächst nur bei den Einwohnern der Städte aufgekommen sein. Später erreichte er das flache Land. Nicht umgekehrt. Es ist eine enganliegende Gittermaske mit schmalen Sehschlitzen, die nur ein sehr begrenztes Gesichtsfeld erlaubt. Feldarbeit ist damit ausgeschlossen.

Der verstohlene Blick durch das Mauerloch ist unsere einzige Begegnung mit den Frauen. Sie bleiben später in den Häusern.

Nur Männer begrüßen uns. Sie sehen immer gleich aus: Vollbart, Turban, gestickte Weste über einem Baumwollhemd, Pumphosen, Sandalen und selbstverständlich Maschinenpistolen. Aus Freude, endlich mal wieder Gäste begrüßen zu können, stecken sie sich gleich eine besonders große Portion Tabak in die Backen. Sie kauen, als ob es etwas zu gewinnen gebe, und spukken dann dem Nächsten genußvoll vor die Füße.

Der Krieg hat die Afghanen noch ärmer gemacht, als sie es ohnedies schon waren. Viele haben nicht mehr genug zu essen. Ich habe nirgendwo dicke Frauen oder beleibte Männer gesehen. Hier fällt mir wieder auf, wie eng die Bauern ihre Gürtel geschnürt haben. Sie sind dennoch so gastfreundlich, daß sie unbekümmert ihren letzten Hammel für uns schlachten. Eine großartige Geste, die ich aber nicht richtig würdigen kann.

Wir lagern auf Steinen unter einem großen Baum. Heute nacht werden wir nicht in Schlafsäcken auf Strohdächern schlafen, wie sofort zu erahnen ist. Neben dem Baum ist für mich bereits eine Holzpritsche aufgestellt. Ich bin eben ein Fremder, der zum ersten Mal in Afghanistan unterwegs ist und besondere Fürsorge braucht. Gleich neben der Pritsche wird der Hammel noch lebend aufgehängt. Das Tier schreit jämmerlich. Ich bringe es nicht über mich zuzusehen, wie es geschlachtet wird. Blut spritzt bis zu meinem provisorischen Bett, vermutlich weil die Kehle des Hammels durchgeschnitten wird. Tausende von Fliegen schwärmen um uns. Erst als das Holzfeuer für den Hammel brennt, verschwinden die Insekten.

Auf zarte Hammelkoteletts freue ich mich erst gar nicht. Die sind hier nicht zu erwarten, das habe ich gleich gelernt. Die Hammel in Afghanistan, Pakistan und gewiß noch anderen Ländern sind sogenannte Fettschwanzhammel. Ihr Fleisch ist nach unseren Begriffen zäh. Nach dem Rösten über dem Feuer schmeckt das Fleisch dann wie die dicke, braune Brühe, die aus den Poren rinnt. Sie wird genüßlich mit Fladenbrot aufgefangen. Allerdings nicht von mir.

Augen und Hoden des Hammels sind als Delikatesse den Ehrengästen vorbehalten. Dafür habe ich mir bereits in Peshawar eine Mimik und Gesten angewöhnt, die erfolgreich Magenverstimmung vortäuschen. Ich lasse mich gerne bedauern.

Zum Schlafen verteilen die Gastgeber Decken aus Schafwolle, von ihren Frauen gewebt. Zum Waschen der Decken fehlt ihnen schon seit einiger Zeit die Seife.

Für alle Unbill des Tages entschädigt mich ein Himmel, in dem tausend Sterne glitzern. Wenn kein Krieg mehr ist, fahre ich vielleicht nur deshalb noch einmal nach Afghanistan.

Ich träume nicht vom Khyber-Paß, sondern von verschleierten Frauen, die ich in den rot wogenden Mohnfeldern vor dem Dorf fotografiere. Es wird sehr viel Mohn in Afghanistan angebaut. Das daraus gewonnene Opium wird von Mudschaheddin nach Pakistan geschmuggelt. Die Bauern können damit verhältnismäßig viel Geld verdienen.

Auf dem Weg zum nächsten Dorf bemerkt Babrak, daß ich mich unterwegs kratze. Mein ganzer Körper juckt. Schweiß, Schmutz, Schafwollfasern von den Decken, Insektenstiche, alles zusammengenommen ist schier unerträglich. Babrak zeichnet beim Mittagsstop mit dem Zeigefinger eine Karte in den Sand. Er macht meinem Freund und mir klar, daß dort Wasser ist. Wir müßten uns jedoch sputen, denn nach einer Stunde muß er uns suchen lassen. Bisher hätte es da keine Minen gegeben, aber wir sollten vorsichtig sein.

Wir eilen über steinige Hügel. Plötzlich ein Wunder. Ein kleiner Wasserfall, der von irgendwoher aus der Erde zu kommen scheint und aus einem flachen Becken wieder im Boden verschwindet. Wir ziehen uns aus, tanzen vor Freude und möchten am liebsten nackt zur Gruppe zurück. Denn die Kleider bleiben schmutzig. Es bleibt leider keine Zeit, dem indischen Kameramann die gleiche Freude zu gönnen. Er wäscht sich mit den Kriegern.

Im nächsten Dorf werden wir dafür entschädigt, daß es bislang nichts Aufregendes zu filmen und zu fotografieren gab. Nun schlägt endlich unsere Stunde.

Ein sowjetischer Panzer vom Typ T 34, so erzählt man uns, war bei einem Angriff der Russen auf das Dorf mit zerfetzten Ketten liegengeblieben. Er war ausgerechnet auf die einzige große Mine gefahren, die die Mudschaheddin unmittelbar neben Häusern eingegraben hatten. Auch ein Haus wurde beschädigt. Hausruine mit Panzerwrack, das allein ist nichts Besonderes. Solche Bilder gibt es zuhauf. Aber dieses stählerne Ungetüm, das die Afghanen fürchten, weil sie über zu wenig Antipanzerwaffen verfügen, wird von denen im Dorf als kostbarer Schrott gesehen. Nicht nur als Siegestrophäe. Schrott, den man auf Mulis gepackt nach mehreren Tagesmärschen in Pakistan verkaufen kann.

So nehmen sie den T 34 mit dem Hammer, mit Schraubenschlüsseln und Schraubenziehern auseinander. Das schwere Geschützrohr des Panzers wollen sie scheibchenweise verkaufen. Einer der Bauern hat aus der Stadt eine kleine Eisensäge mitgebracht. Vermutlich bestimmt für ein dünnes Wasserrohr. Wie sich herausstellt, kann man damit aber auch ein Geschützrohr zersägen. Man braucht nur Geduld. Sie wechseln sich ab. Manchmal sägen sogar jauchzende Kinder.

Was werden sie mit dem Schrottgeld machen? Reis kaufen, übersetzt Babrak, Munition für Maschinenpistolen. Wenn sie viel Geld bekommen für den Schrott, vielleicht sogar eine Panzerfaust, die man aus der Hand abfeuern kann. Die holen sie sich dann in Dera. Ihr größter Wunsch wären aber Raketen, mit denen man diese entsetzlichen Hubschrauber der Russen abschießen kann. Dafür würden alle Familien Hammel verkaufen und das Geld zusammenlegen. Doch solche Raketen gibt es selbst in Dera nicht.

Den Raketen, die sich als gefährlichste Waffe der islamischen Freiheitskämpfer entpuppen, verdanke ich ein zweites, großes, insgesamt aber weniger riskantes Abenteuer in Afghanistan. So meine ich zunächst. Es ist einige Zeit vergangen. Wieder gibt es eine Gelegenheit, mit dem Fernsehteam unterwegs zu sein. Alles scheint zunächst einfacher als beim ersten Mal. Kein Anstandsbesuch beim Staatspräsidenten. Keine Probe auf Muskelschwund bei den Mudschaheddin. Die erinnern sich wohl noch an mich, weil nicht viele Fotografinnen versucht haben, den Krieg in Afghanistan mit der Kamera einzufangen.

Babrak begegne ich einmal zufällig auf der Straße in Peshawar. Mit meinem Freund bin ich zum Bazar unterwegs. Wir begrüßen uns nur kurz, er schaut mich kaum an.

An die Stelle von Babrak tritt diesmal Abdullah. Ein junger Mann, der fließend Englisch spricht. Er bringt uns nicht zu Massoud, sondern zu einem grimmig blickenden Anführer einer Gruppe von Freiheitskämpfern, die Hesb-e-Eslami heißen. Ihr Chef ist Gulbuddin Hekmatyar, der mich offensichtlich höchst ungern empfängt. Seine Pose ist die des Kriegers. Er kommt mir vor wie ein Wichtigtuer. Ich frage nicht einmal, ob ich ihn fotografieren darf.

Nach ihm treffen wir Burhanuddin Rabbani. Er hat schon einen weißen Vollbart und trägt dazu passend einen weißen Turban. Seine Pose ist die des Gelehrten. Auch er kann mich nicht wirklich beeindrucken.

Jahre später lese ich in der Zeitung von wieder einer neuen Regierung in Kabul; Rabbani ist Staatsoberhaupt und Hekmatyar Ministerpräsident.

Wieder bin ich Nummer drei im Fernsehteam, doch diesmal

als Frau. Ich weiß, daß ich mich nicht freizügig kleiden darf. Das wäre ohnehin nicht praktisch. Wieder begleiten uns ein Dutzend Mudschaheddin. Abdullah sagt, sie hätten versprochen, mich als Frau zu achten.

Die erste Probe darauf, wie wir miteinander umgehen können, kommt nicht bei einem Gefecht mit den Russen. Es geschieht, als wir in Afghanistan einen reißenden Bach überqueren müssen. Bis zum Hals durchwaten, rät man mir, dann notfalls ein paar Meter schwimmen. Ich weigere mich. Kurze Beratung unter den Freiheitskämpfern. Dann schleppen sie einen Baumstamm heran, der mir riesig erscheint. Auf ihm soll ich balancieren. Die Krieger finden das wohl amüsanter als ich. Sie schauen mich aber nicht verächtlich an. Abdullah glaubt, ihre eigenen Frauen würden das auch nicht machen.

Langes Hin und Her. Mein Freund tanzt mit ausgebreiteten Armen auf dem Holz von einem Ufer zum anderen, um mir zu zeigen, wie ungefährlich es ist. Ich komme mir wie bei einer Zirkusnummer vor, wo das Publikum rund um die Manege den Atem anhält, weil gleich einer in der Kuppel ohne Netz turnen wird.

Wenn man nur die Augen schließen könnte. Aber umkehren, zurück nach Pakistan, nur weil ich nicht schwindelfrei bin? Ich strecke kurz meine Hand aus. Mein Freund packt sie und führt mich so behutsam wie möglich über das gurgelnde Wasser. Abdullah klatscht Beifall. Die Mudschaheddin nicht, sie nicken zustimmend und murmeln »Al Hamdulillah«, was so viel wie Gott sei Dank heißen mag.

Eines ist besonders auffällig. Die Angst vor den Hubschraubern ist verflogen. Wir quälen uns nicht mehr durch Flußbette, und niemand weist die Krieger an, ständig den Himmel zu beobachten. Statt dessen mahnt Abdullah unentwegt, wir sollten auf dem Pfad nach Minen schauen. Die Gefahr kündigt sich mit zwei schwerverletzten Männern an, die vor einer Hausruine am Wegrand liegen. Sie sind umringt von Freunden, jedoch ohne Sanitäter.

Jetzt wissen wir es genau. Vor uns sind Minen vergraben, die keiner geräumt hat. Wie auch, in dieser Gegend gibt es keine Minensuchgeräte. Wo wir entlanggekommen sind, liegen ebenfalls Minen, sagen die Krieger. Wir hätten eben Glück gehabt.

»Am besten gehen wir weiter«, beschließt Abdullah. »Der Pfad ist hier ziemlich ausgetreten, und wir müssen vorsichtig sein. Sehr vorsichtig. Dann wird schon nichts passieren.«

Abdullah geht als erster. Die anderen und ich folgen. Unter keinen Umständen vom Pfad abweichen, wird als Devise ausgegeben. Möglichst in die Fußstapfen des Vordermanns treten. Das Minenfeld ist gleich zu Ende. Der Baumstamm über den Bach hat mir mehr Angst gemacht. Doch ich folge Abdullah aufs Wort. Vor allem weil ich den kleinen Krater mit Blut und Kleiderfetzen, wo es die beiden Männer erwischt hatte, sofort entdeckt habe. Von 50 gefährlichen Metern ist die Rede, die ziehen sich. Schließlich ist es geschafft. Die Mudschaheddin unserer Gruppe danken Gott mit ausgebreiteten Händen und frommem Blick gen Himmel.

Abdullah deutet auf Bergkuppen in der Ferne. Da will er mit uns hin. Seitdem es keine Kampfhubschrauber mehr gibt, so erklärt er uns, kann man von den Bergen vor Kabul auf die afghanische Hauptstadt hinunterschauen und mit einem Fernglas sogar beobachten, was die Kommunisten machen.

Die ersten, die uns daran zu hindern versuchen, sind keine Kommunisten. Ein Haufen wild gestikulierender Krieger baut sich vor uns auf. Sie wollen mir die Kamera wegnehmen und behaupten, ich hätte sie fotografiert. Das erfahren wir über einen Dolmetscher, den sie bei sich haben. Denn sie selbst sprechen keine Sprache, die Abdullah versteht.

Sie fuchteln gefährlich mit ihren Waffen. Einer legt sogar seine Maschinenpistole auf uns an. Diese Aufregung besteht also nur wegen einiger vermeintlicher Aufnahmen afghanischer Freiheitskämpfer, die seit Jahren bereits um die ganze Welt zirkulieren?

Es geht hin und her, der Dolmetscher spricht gebrochen Englisch, dafür aber fließend Arabisch. Abdullah nimmt ihn auf die Seite. Ich höre den Namen Zia al-Haq. Das scheint Wunder zu wirken. Der Dolmetscher hält eine kleine Rede an seine Freunde. Sie lassen uns ziehen. Es sind Männer aus Saudi-Arabien.

Dazu muß man wissen, daß seit langem in Pakistan gemunkelt wird, bei den afghanischen Freiheitskämpfern gebe es auch Freiwillige aus arabischen Staaten. Das wird stets dementiert.

Die Hitze ist wieder einmal unerträglich. Wenn ich doch wenigstens die Ärmel aufkrempeln könnte. Oder einige Knöpfe meiner Bluse öffnen. Aber ich will nicht provozieren. Warum machen wir keine Rast? An einem steilen Hang weigere ich mich, weiterzugehen. Als ob ich ahne, was danach kommen wird. Mein Freund treibt mich vergeblich an. Schließlich zieht er mich buchstäblich über die Kuppe, die eine Hochfläche freigibt. Da weiden keine Schafe. Eine Schar aufgeregter Freiheitskämpfer bereitet sich auf ein Gefecht vor. Aber wo ist der Gegner? Niemand ist weit und breit zu sehen. Abdullah macht halt.

Auf einmal kracht es so laut, daß ich meine, mein Trommelfell platzt. Ich presse mir die Ohren zu. Unter mir scheint die Erde zu beben. 50, 60 Meter vor mir wird der Boden aufgerissen. Dreckfontänen spritzen auf. »Sofort in den Graben«, brüllt mein Freund. Ach ja, da ist tatsächlich ein schmutziger Graben vor uns, den ich vorher nicht beachtet hatte. Daneben steht eine Holzhütte mit einer Bank.

»Ganz flach machen, schnell«, höre ich. »Das sind Granaten.« Granateinschläge habe ich bislang noch nicht erlebt. Und Granatbeschuß ist wohl auch eine Erfahrung, auf die man verzichten kann.

Der indische Kameramann hechtet in den Graben. Ich bin nicht ganz so schnell. Abdullah liegt schon auf dem Bauch. Mein Freund hält meine Waden fest. Das ist als beruhigende Geste gedacht.

Neue Einschläge. Wieder Schmutzfontänen. Ich denke nicht darüber nach, ich habe die fixe Idee, wenn ich das schon erlebe, will ich auch ein Foto davon machen. Ehe es jemand verhindern kann, richte ich mich auf. Kamera ans Auge und exakt mit der nächsten explodierenden Granate drücke ich ab. Dann lasse ich mich ohne Protest wieder zu Boden reißen.

So plötzlich, wie der Beschuß begann, hört er wieder auf. Glücklicherweise waren die Geschosse schlecht gezielt. Auch von den Freiheitskämpfern ist keiner verletzt. Sie hatten noch nicht mal Deckung genommen. Einige knien auf dem Boden. Andere sitzen aufrecht auf der Bank. Sie beten. Die Ellbogen halten sie eng am Körper, die Handflächen sind nach oben gedreht. Sie blicken immer wieder gen Himmel. Erst baten sie Allah um seinen Schutz, jetzt danken sie ihm.

Abdullah belehrt uns, nicht Artilleriegeschütze, vielmehr Granatwerfer hätten uns unter Feuer genommen. Deren Geschosse fallen nahezu geräuschlos steil vom Himmel. Sie heulen und pfeifen nicht vor der Explosion wie die flach sich nähernden Geschützgranaten. Granatwerfer wären wegen ihrer verheerenden Splitterwirkung gefürchtet.

»Für ein lausiges Foto hast du dein Leben riskiert«, muß ich mir anschließend sagen lassen. Als der Film entwickelt ist, zeigt sich, wie recht mein Freund hatte. Aufnahmen von Granateinschlägen sind leichtsinnig, lebensgefährlich und sinnlos dazu. Auf dem Foto sieht man nichts außer Dreck.

Der Kriegsrat tagt. Wir überzeugen Abdullah, daß wir unter

diesen Umständen nicht nach Kabul wollen. Wir sind weder Frontsoldaten noch haben wir Superobjektive, mit denen man den Bazar in Kabul von den Bergen aus aufnehmen kann. Das leuchtet ihm ein. Wir drehen um.

Am folgenden Tag zeigt sich, daß er noch eine Trumpfkarte im Ärmel hatte. Die Kameras müssen wir zwar in den Taschen lassen, aber wir bekommen als erste Ausländer die neuen Wunderwaffen der Freiheitskämpfer zu sehen.

Abdullah führt uns zu einer besonders geschulten Gruppe der Mudschaheddin, die seit kurzem die sowjetischen Kampfhubschrauber mit sowjetischen Fliegerabwehrraketen vom afghanischen Himmel holt. Sie sind offenbar so erfolgreich dabei, daß die Sowjets große Verluste erlitten und ihre Hubschrauber nicht mehr starten lassen.

Es seien sowjetische SAM-6- oder SAM-7-Raketen, sagt man uns. Ich will mich nicht festlegen, ich bin kein Waffenexperte. Jeweils zwei Mann bedienen sie, erklären die Mudschaheddin. Einer legt dem anderen zum Zielen das Raketenrohr auf die Schulter. Sie treffen mit tödlicher Sicherheit, so, als werde die Rakete elektronisch ins Ziel geleitet. Die Raketenschützen wären begeistert, könnten sie im deutschen Fernsehen oder auf dem Titelblatt einer deutschen Zeitschrift erscheinen. Abdullah scheint jedoch sehr strikte Anweisungen zu haben. Er bleibt bei seinem »No picture«.

Die SAM-Raketen sind längst auf der ganzen Welt bekannt. Auch in Afghanistan ist auf den Raketen nicht vermerkt, von wem sie stammen. Wäre da eine Aufschrift: »Mit besten Wünschen vom CIA«, könnte man das »No picture« ja begreifen. Die erfolgreichen Raketenschützen lassen uns jedenfalls wissen: »Jetzt ist der Krieg bald vorbei. Nun werden wir zur Abwechslung die Russen wie die Hasen jagen.«

Im nächsten Dorf, das wir auf dem Rückweg passieren, scheinen die Bauern anderer Meinung zu sein, zumindest was die Dauer des Krieges betrifft. Sie führen uns ihre Erstkläßler beim Unterricht mit erfahrenen Freiheitskämpfern vor. Ich weiß nicht, ob die Jungs mit dem gleichen Eifer Lesen und Schreiben lernen würden. Aber das lehrt sie niemand. Den Umgang mit Gewehren und Maschinenpistolen finden sie, kindlich unbekümmert, überaus spannend. Die Waffen können sie dabei noch gar nicht richtig in der Hand halten. Das ist nicht wichtig, meint der Lehrer. Man müßte ihnen nur so früh wie möglich beibringen, was einen wahren Afghanen ausmacht.

In diesem Dorf darf ich die Frauen besuchen. Meine Visite wird vorbereitet. Der Dorfälteste führt mich schließlich höchstpersönlich zu ihnen und paßt auf, daß sonst niemand mitkommt. Eine Schar unverschleierter, fröhlicher Frauen jeden Alters erwartet mich in einem großen mit Teppichen ausgelegten Raum, ohne Tisch und Stühle. Sie sind barfuß. Also ziehe ich mir auch gleich die Schuhe aus.

Es sind keine kunstvoll gewebten Afghanen, wie man sie bei uns schätzt, auf denen die Frauen sitzen, sondern es ist Fabrikware, vielleicht in China gefertigt. Ein einziger Schrank steht im Zimmer. Er ähnelt den Bauernschränken bei uns. Die Frauen bilden einen Halbkreis um mich. Sie schnattern aufgeregt. Tee wird in einer simplen Blechkanne hereingebracht. Eine junge Frau will mir Zucker in den grünen Tee geben. Ich halte schützend die Hand über die Tasse. Tee trinke ich nie gesüßt. Daraufhin nimmt sie das Stück Zucker, leckt daran und bedeutet mir so, daß es nichts Schlimmes ist. Es schmeckt sogar gut, zeigt ihre Miene. Ich bleibe beim Nein. Das amüsiert alle.

Mir scheint, als wären sie genau so neugierig auf mich wie ich auf sie. Sie tragen buntbestickte Westen oder Jacken mit kunstvollen Mustern. Die Farben ihrer Kleidung gleichen denen der Wandteppiche und der hart gestopften Kissen auf dem Boden.

Wie die Männer tragen auch die Frauen Pumphosen. Nur sind diese bunt und aus dünnerem Material.

Um die Hüften haben sie sich dünne Gürtel geschlungen. Daran hängen kleine Täschchen aus einem Material, das dem der gestickten Käppis der Männer entspricht. Die Täschchen aus dickem Samt sehen reich bestickt kostbar aus. Darin bewahren sie aber nur einen groben Holzkamm auf, wie sie mir demonstrieren. Und ein paar Münzen. Goldschmuck sehe ich bei ihnen nicht. Nur silberne Armreifen, mit Halbedelsteinen besetzt. Kein Lapislazuli, der wohl ins Ausland exportiert wird.

Manche Männer in Afghanistan färben sich die Bärte mit Henna flammend orange. Das gleiche, aus dem Hennastrauch gewonnene und überall billig erhältliche Pulver benutzen die Frauen, um sich die Haare zu tönen. Einige der Frauen haben tiefblaue Augen. Um ihnen noch mehr Ausdruck zu geben, umranden sie die Lider mit gewöhnlichem Ruß.

Ich darf nach Herzenslust fotografieren. Sie wollen allerdings gleich die Bilder sehen. Ich muß mir vornehmen, wann immer es möglich ist, eine Sofortbildkamera dabeizuhaben. Der Fotoapparat ist für die Frauen etwas Fremdes. Sie betasten ihn, unterhalten sich darüber. Sie tätscheln auch an mir herum. Vor allem meine blonden Haare faszinieren sie.

Auch ohne ihre Sprache zu verstehen, beginne ich mich bei ihnen wohl zu fühlen. Wie traurig, daß ihr Land von einem Krieg verheert wird. Als ob es damit nicht genug sei, wird es zusätzlich von einem internen religiösen Kampf gebeutelt.

Vor meiner Reise hatte mir jemand erzählt, daß Afghanistan schon mal fast so weit war, in die Neuzeit aufzubrechen. Vor mehr als zwei Jahrzehnten wollte ein reformfreudiger Ministerpräsident die mittelalterliche Gesellschaft radikal wandeln und den Frauen zur Gleichberechtigung verhelfen. Dieser Auftakt war spektakulär.

Ministerpräsident Daoud, die Minister seines Kabinetts und ihre engsten Mitarbeiter stellten sich damals in Kabul, wie üblich an einem großen Feiertag, zusammen mit ihren Frauen auf eine Festtribüne vor die Bevölkerung. Durch die erwartungsvolle Menge ging beim Auftritt der Regierenden erst ein Raunen, dann wurden Proteste laut. Die meisten waren aber wie vom Donner gerührt, um spontan eine Reaktion zu zeigen. Denn die Ehefrauen der Regierenden präsentierten sich ohne Schleier. Ohne Chadri, wie der Schleier in Afghanistan heißt. Das war als Signal gedacht. Die religiösen Würdenträger, die Mullahs, verstanden es auch so. Seither kämpfen sie nicht nur gegen alle Feinde von außen, sondern auch um den Erhalt ihrer Macht.

Ob die Frauen im Dorf wissen, wie weit in den großen Städten die Gleichstellung der Frauen schon fortgeschritten war? Da es hier kein Fernsehen gibt, keine Zeitungen, die sie ohnehin nicht lesen können, und da Radios, wenn überhaupt, nur mit Batterien betrieben werden, wissen sie vermutlich wenig von dem, was um sie herum passiert. Ich muß sie unbedingt danach fragen.

Kaum steckt der Dorfälteste einmal den Kopf zur Tür herein, bedeute ich ihm, daß ich Abdullah brauche. Er verschwindet. Ob er mich verstanden hat? Dann kommt er zurück, spricht mit den Frauen. Die nicken eifrig, verschwinden ebenfalls. Kurz darauf kommen sie zurück, mit Schleier. Nach ihnen erscheint Abdullah. Die Frauen sind wie ausgewechselt. Sie sitzen teilnahmslos herum, als hätten sie Redeverbot. Sie tun so, als hören sie die Fragen nicht, die Abdullah übersetzt. Der scheint sich auch nicht wohl in seiner Rolle zu fühlen. Es hat wohl keinen Zweck, von ihnen noch etwas erfahren zu wollen. Ich mache mich zum Gehen fertig.

Während ich mir die Schuhe binde, ist es die Älteste unter den Frauen, die sich jetzt an den Dolmetscher wendet. Ich kann sie nicht unter ihrer Maske, aber dafür an ihrer besonders reich bestickten Weste wiedererkennen. Sie erkundigt sich: »Warum macht sich eine so hübsche Frau wie du so häßlich mit diesen Kleidern, die wir nicht einmal zur Feldarbeit anziehen würden?« Es folgt ein verächtlicher Nachsatz. »Ist das da, wo du herkommst, wirklich so üblich?«

Ohne die ständige Bedrohung durch Hubschrauber kommen wir viel rascher voran. Bei einer letzten Rast erklärt uns Abdullah, warum die Hubschrauber so gefährlich waren. Gegen ihre Panzerung kamen die Mudschaheddin selbst mit Maschinengewehren nicht an. Hatten die Russen eine Einheit der Mudschaheddin entdeckt, wurden die Freiheitskämpfer von Hubschraubern eingekreist. Die Helikopter setzten um sie herum Kommandos mit überlegenen Waffen ab. Dann wurden die Afghanen mit Raketen beschossen, mit Splitterbomben belegt und fast immer bis zum letzten Mann vernichtet.

Irgend jemand hat uns erzählt, so wie wir durchs Land ziehen, könnte man sich leicht die Krätze holen. Zurück im Hotel duschen wir stundenlang, bis sich ein Bote mit Dauerklingeln bemerkbar macht. Er ist sehr höflich, aber insistiert, wir sollten sofort mit ihm in den Palast zum Staatspräsidenten kommen.

Also, weißes Baumwollhemd, weiße Baumwollhosen, das müßte genügen. Der Präsident achtet hoffentlich nicht auf Kleiderordnung, wenn man gerade erst aus Afghanistan zurückgekehrt ist. Zum Schminken bleibt keine Zeit. Auch meine nassen Haare sind nicht gerade elegant geordnet. Aber für einen flüchtigen Besuch wird das hoffentlich genügen. Vermutlich dauert er wieder 20 Minuten. Wir hatten erfahren, daß das die übliche Dauer einer Audienz sei. Diesmal fahren wir bei einem Palast vor, den ich noch nicht kenne. Pakistans Präsident residiert anscheinend in mehreren Palästen, wie es in diesem Teil der Welt bei den Herrschenden üblich ist.

Geschützt von Mauern strahlt das Weiß der Säulen und Fassaden makellos. Ein Heer von Gärtnern sorgt dafür, daß gepflegter Rasen und große Bäume die entsprechende Parkkulisse hergeben. Je nach Jahreszeit ergänzt ein Blütenmeer das Szenario. Eindrucksvoll sind auch die handgeschmiedeten, kunstvollen Eisentore. Dann folgt ein breiter roter Teppich, es ist wie in einem englischen Gesellschaftsroman. Livrierte Diener führen uns in eine Halle mit Marmorböden, Spiegelglas an der Wand und glitzernden Leuchtern.

Von wegen Audienz. In unserem sehr legeren Outfit, für eine Tasse Tee bei einem verständnisvollen Präsidenten gedacht, finden wir uns unversehens bei einem großen Empfang wieder, einem Staatsempfang. Um mich herum stehen Damen in glänzendem Brokat und schimmernder Seide, behängt mit langen Perlenketten und mit Frisuren frisch vom Coiffeur. Ihre Goldreifen wiegen bestimmt ein Kilo, und sie tragen Ringe mit wunderschönen Smaragden. Einige von ihnen stellen auch Diamantencolliers zur Schau. Sie sehen mich belustigt an, manche verächtlich, und sie würden ihrem Mißfallen über meinen Aufzug gewiß durch Kopfschütteln Ausdruck geben, wüßten sie nicht, ohne Einladung von ganz oben wäre ich niemals unter ihnen.

Ihre Männer tragen Smoking oder ordensgeschmückte Uniformen, denen man den Maßschneider ansieht. Die Männer finden mich ganz attraktiv, scheint mir. Mein Freund wird kaum beachtet.

Mit einem Schlag ändert sich die Atmosphäre. Präsident Zia al-Haq, in weißer Generalsuniform mit goldenen Knöpfen, löst sich plötzlich von einer Gruppe der High-Society, mit der er geplaudert hat, und geht mit ausgestreckter Hand auf mich zu. Ich bin völlig perplex. »I am very glad to see you back in one piece«, sagt er laut und fröhlich. Und er fügt hinzu: »Tonight we have important guests from America with us, who would like very much first hand information from somebody like you about Afghanistan.«

Jetzt muß ich mich nicht mehr wegen meines Aufzugs schämen. Mir macht eher zu schaffen, daß ich plötzlich im Mittelpunkt des Interesses stehe. Alle starren mich an. Mein Freund hingegen gefällt sich in der Rolle einer wichtigen Person.

Zia entschuldigt sich, er muß eine Rede vorbereiten. Mehrere Damen wollen nun von mir wissen, wie das unterwegs war mit den Mudschaheddin. Ob ich nicht wüßte, daß *die* Frauen vergewaltigen?

Das sei ein Gerücht, versuche ich den skeptischen Zuhörerinnen zu vermitteln. Es verhielte sich so, daß die Mudschaheddin sich Frauen gegenüber absolut zurückhalten, weil ihnen ihre Religion Respekt vor den Frauen gebietet.

Beim Gespräch merke ich zu meiner Überraschung, daß der Krieg in Afghanistan jenseits der pakistanischen Grenze das Leben dieser reichen und einflußreichen Leute nicht wirklich berührt. Die Freischärler in Peshawar sind weit, weit weg. Mein Freund ist indes eifrig dabei, einer Gruppe von Amerikanern *first hand information* zu bieten.

Mit den Amerikanern sitzen wir später im Speisesaal an einem runden Tisch. Es sind Senatoren, die wichtigen Ausschüssen auf dem Capitol Hill in Washington angehören. Nicht nur vom amerikanischen Präsidenten, auch von diesen Männern wird es abhängen, was in Afghanistan geschieht.

Der pakistanische Präsident steht an einem kleinen Rednerpult in einer Ecke des Saals. Er dankt den USA überschwenglich für ihre Unterstützung Pakistans. Er braucht gerade einmal zehn Minuten, um sein Lob zu verstreuen.

Die Senatoren entschuldigen sich, sie müssen morgen weiter. Es interessiert sie nicht, wie sich eine Frau bei den Mudschaheddin zurechtfindet oder wie ganz allgemein Journalisten in Afghanistan aufgenommen werden. Für sie gibt es nur ein Thema: die neuen Raketen der Freiheitskämpfer und die Hubschrauber der Russen.

Wenn ich mich nicht sehr täusche, würden sie sich am liebsten gegenseitig auf die Schultern klopfen, als sie von uns hören, daß sich das Blatt zugunsten der Mudschaheddin gewendet hat und daß die von einem baldigen Ende des Krieges träumen.

Die Afghanen klagen, sie hätten nicht genug SAM-Raketen bekommen, berichtet mein Freund. »Ach, die können nie genug kriegen«, meint der Senior am Tisch und niemand widerspricht. Sie sind sehr sachkundig, diese Amerikaner. Als ich ihnen jedoch sage, daß viele Afghanen nicht genug zu essen haben, erreicht sie das nicht.

Abschiedstee bei Zia al-Haq. Unser Abend mit den Senatoren führt ganz offensichtlich zu einer sehr aufgelockerten Atmosphäre beim Staatspräsidenten. Ich hoffe, daß er mir in dieser Situation eine Frage nicht übelnimmt. Mit meinem Freund habe ich sie zwar nicht abgestimmt, weil er mir womöglich abgeraten hätte. »Exzellenz«, will ich von ihm wissen, »als Sie die Macht in Pakistan übernahmen, warum haben Sie da trotz vieler internationaler Proteste Ihren Gegenspieler Bhutto hinrichten lassen?«

Die Frage scheint man ihm im trauten Kreis öfter zu stellen. Er findet sie ganz normal. Er schaut mich aus großen braunen Augen ruhig an und sagt, ohne zu stocken, als hätte er das auswendig gelernt: »Die Sache war sehr einfach. Wir standen beide vor einem offenen Grab. Er auf der, ich auf der anderen Seite. Nur einer von uns konnte übrigbleiben.«

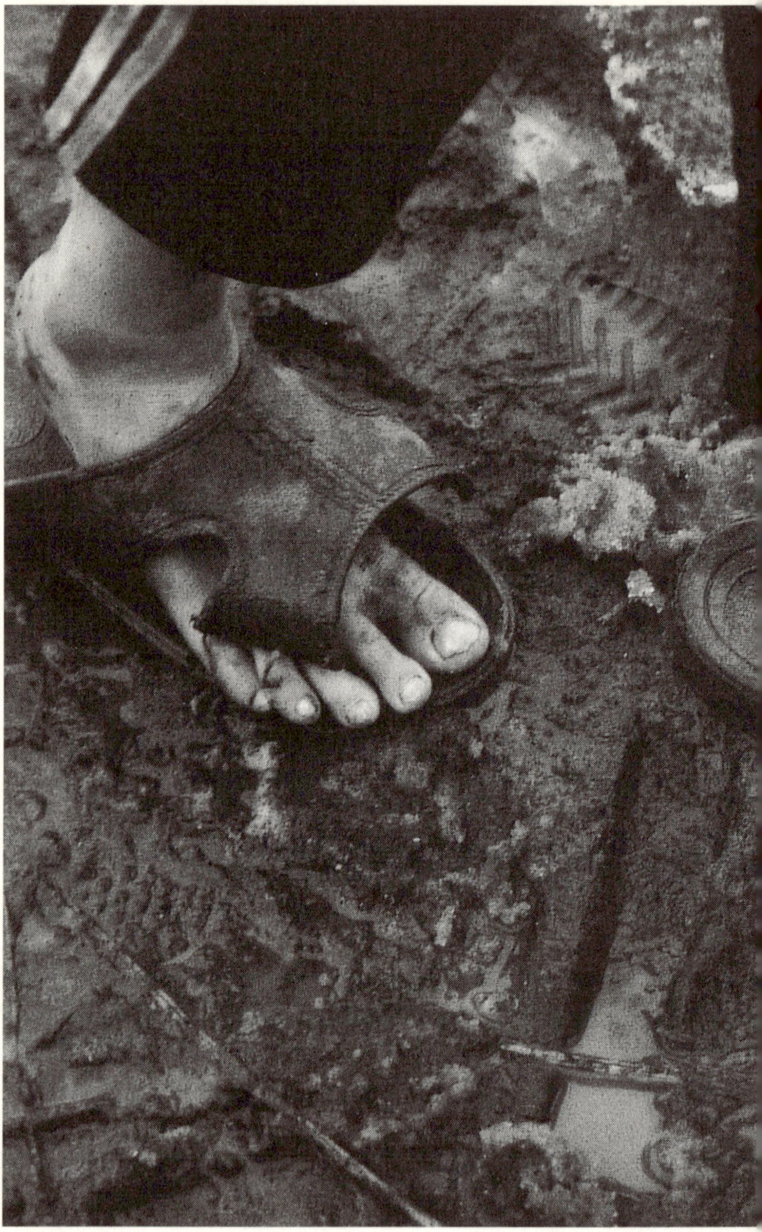

Unter den traurigen Augen der Madonna im Kosovo

Keiner glaubt es mir so recht. Obwohl man eigentlich weiß, ich muß nicht übertreiben, wenn ich von meinen Reisen erzähle. Immer, wenn ich gefragt werde, wie ich zu den kämpfenden Serben und Albanern in den Kosovo gekommen bin, lautet die prosaische Antwort: mit dem Bus und mit der Eisenbahn.

Ich bin wirklich nicht mit dem Fallschirm abgesprungen, wie ich mir das gewünscht hätte. Ich bin nicht bei Nacht und Nebel durch Stacheldraht und Minenfelder über die albanische Grenze gekrochen. Ich habe auch gar nicht erst versucht, mich von den internationalen Beobachtern der OSZE, der Organisation für Sicherheit und Zusammenarbeit in Europa, aus Mazedonien in den Kosovo schmuggeln zu lassen.

Ich habe ganz einfach am Schalter Nummer drei im Mainzer Hauptbahnhof für DM 244,80 eine Fahrkarte zweiter Klasse über München und Wien nach Belgrad gelöst. Der Beamte der Bundesbahn meinte zwar zunächst, da würde kein Zug mehr hinfahren. Im Sommer 1998 bombardiert die NATO noch nicht. Doch in den Zeitungen und im Fernsehen wird unentwegt von Gefechten zwischen Serben und aufständischen Albanern berichtet. Eine Rückfrage von Mainz in Frankfurt zeigt dem zweifelnden Mann am Schalter, es gibt tatsächlich noch Schnellzüge in die Stadt, in der Herr Milosevic residiert. Von Belgrad aus, das hatte ein Telefonat mit einem serbischen Verkehrsbüro ergeben, fahren dann, als ob alles wie immer wäre, täglich mehrere Omnibusse nach Pristina, der Zentrale des Kosovo.

Nur das Visum wird nicht mehr wie früher an der Grenze Jugoslawiens deutschen Staatsbürgern gegen harte Währung in den Paß gestempelt. Ein Visum wird, wenn überhaupt, in der geschrumpften Botschaft der Jugoslawen in Bonn ausgestellt. Geschrumpft deshalb, weil beide Staaten ihre Botschafter zurückgerufen haben, ohne allerdings die Beziehungen abzubrechen.

Jene Staaten, die die Einreise von einem zuvor erteilten Visum abhängig machen, verlangen vom Antragsteller, daß er seinen Beruf angibt und den Grund seiner Reise nennt.

Der Vorteil meiner schreibenden Kollegen besteht darin, daß sie sich als Touristen ausgeben können. Ohne professionelle Kameraausrüstung fallen sie auch nicht auf. Ich muß vorsichtiger sein. Bei Journalisten behalten sich, wenn Visumspflicht besteht, die Außenministerien oder die Informationsministerien der betreffenden Länder die Zustimmung zur Einreise vor. Oft wird sogar ganz oben entschieden. Manchmal müssen Journalisten dann auf ein Ja oder Nein lange warten. Nur in Ausnahmefällen darf eine Botschaft ohne Rückfragen allein entscheiden.

Wie ich zum Ausnahmefall wurde, ist außergewöhnlich. Auf Umwegen kommt mir zu Ohren, daß die politischen Berater der jugoslawischen Botschaft in der Bundesrepublik unter mangelnden Kontakten zu prominenten deutschen Journalisten leiden, besonders zu Fernsehjournalisten. Umgekehrt scheint es so zu sein, daß auch Fernsehleute in den Zentralen das direkte Gespräch mit jugoslawischen Diplomaten seit einiger Zeit vermissen. Belgrads Diplomaten werden zu den meisten Empfängen in Bonn nicht mehr eingeladen. Ich beginne also, so weit mir das möglich ist, Fäden zu knüpfen. Mit Erfolg, wie sich herausstellt.

Jugoslawiens ranghöchster Diplomat läßt mich wissen, daß er dafür dankbar ist. Ohne einen Augenblick zu zögern, frage ich, ob er denn nicht ein gutes Wort für ein Visum für mich einlegen kann. Ich würde gern im Kosovo fotografieren. Selbstverständlich versuche ich gleichzeitig, die Einreise für meinen Mann zu bekommen. Der wird jedoch abgewimmelt. Meinen Paß habe ich schon nach einer halben Stunde mit der Einreise für drei Monate zurück, als Fotojournalistin.

Eine dicke, rasselnde Eisenkette mit mächtigem Vorhängeschloß ist, so hoffe ich, kein Vorgeschmack auf das, was mich erwartet. Im Zugabteil sitzen mir zwei Albaner gegenüber. Männer mittleren Alters, die sich in gebrochenem Deutsch freundlich vorstellen: »Ich bin Gastarbeiter. Familie Kosovo.«

Es ist ein Nachtzug, den ich bestiegen habe. Der erste Schaffner, der zur Kontrolle der Fahrkarten erscheint, wünscht angenehme Ruhe. Nun würden wir eine ganze Weile nicht mehr gestört werden. Das ist das Kettensignal. Einer der beiden Albaner holt die Eisenkette umständlich aus seiner großen Reisetasche hervor. Gemeinsam verrammeln sie damit die Tür. Die ebenso kurze wie anschauliche Erklärung: »Austria gut. Aber Ungarn Verbrecher. Erst Gas. Dann rauben.«

Das unterstreichen sie mit Gebärden und einem wilden Augenverdrehen, als gehöre es in Budapest zum guten Ton, Reisende erst zu betäuben und ihnen dann den Hals durchzuschneiden. Einer der beiden Männer erweist sich als fürsorglich: »Du Toilette, Krach machen«, rät er mir. Er schwenkt die losen Glieder am Ende der Kette.

Die Schweißfüße meiner beiden Abteilgefährten stören mich zunächst mehr als das Vorhängeschloß. Doch die Reisevorbereitungen haben mich so müde gemacht, daß ich augenblicklich einschlafe und erst wieder aufwache, als die Jugoslawen mit vier Mann Grenzpolizei im Zug erscheinen. Wegen der Kette, die lose im Gepäcknetz liegt, kommt es zwischen den Polizisten und den beiden Albanern zu einer längeren Diskussion, der ich leider nicht folgen kann.

Dann erreichen wir Belgrad. Ein grauer Hauptbahnhof, der mit dem Sozialismus die Neuzeit verschlafen hat. Wir sind spät dran. Meine zwei Mitreisenden nehmen mich mit bis zur Bushaltestelle, die ich allein sonst nie gefunden hätte. Wir sind im Laufschritt unterwegs. Ich erträume mir einen Fensterplatz, von dem aus ich die Landschaft betrachten kann.

Der Bus ist bereits überfüllt. Auf einer Art Notsitz balancierend komme ich 28 Stunden später zerschlagen in Pristina an. Wie mir scheint, auf einer Knoblauchwolke schwebend.

Mehr als die Hälfte der Fahrzeit hätte man einsparen können. Denn es gibt noch keine Straßensperren und Kontrollen. Aber es ist scheinbar üblich, daß Fahrer und Passagiere viel Zeit in eintönigen, schlecht gelüfteten Raststätten mit Rauchen, Biertrinken und dem hingebungsvollen Kauen zäher Hammelkeulen verbringen. Dazu lutscht man Knoblauchzehen.

Ungewöhnlich sind die vielen Uniformierten, die bei jedem Halt um den Omnibus wimmeln. Die Leute im Bus wollen dann von ihnen Neuigkeiten über die Situation im Land wissen. Ich frage meine beiden albanischen Reisegefährten nach der Ankunft in Pristina verstohlen: »UCK«? Das ist die Abkürzung für die albanische Befreiungsarmee, »Ushtria Clirimtare es Kosoves«. Die beiden schauen mich entgeistert an. Dann schicken sie mich ins Grand-Hotel.

Keiner weiß, woher das seine fünf Sterne hat. Ohne die Sterne würde man sich vielleicht doch schämen, 60 Dollar pro Nacht für ein Einzelzimmer zu verlangen. Das »Grang«, wie es alle nennen, wobei sie das Wort wie den Deckel einer Bierflasche knallen lassen, ist das Journalistenhotel. Einfach deshalb, weil es die einzige Herberge mit funktionierendem Fax und Telefon ist. Daneben ist es auch die Anlaufstelle für Albaner, für Serben und für die Vertreter internationaler Organisationen.

Im Hotel werden Pressemeldungen verteilt. Vom Hotel aus veranstalten die Serben Pressefahrten. Fast alle Journalisten im »Grang« sind als ständige Korrespondenten für Jugoslawien oder den Balkan in Belgrad akkreditiert. Sie wohnen dort. Bis vor kurzem wollten ihre Heimatredaktionen vorwiegend Berichte aus Bosnien-Herzegowina. Jetzt ist Kosovo an der Reihe. So treffe ich Friedhelm Brebeck wieder, meinen Weggefährten aus bitteren Tagen in Sarajewo.

Für die Arbeitsbedingungen im Kosovo hat er nur ein *four letter word* übrig. Es beginnt damit, daß das »Grang« sein Zählwerk am Telefon bereits ticken läßt, wenn man eine Nummer im Ausland erst anwählt. Das Zählwerk tickt auch, wenn keine Verbindung zustande kommt. Die Rezeption erklärt das damit, daß jetzt Kosovo der Mittelpunkt der Welt sei. Friedhelm meint, auch wenn sie sich nun gegenseitig umbringen, bleiben sie doch am anderen Ende der Welt.

Die offiziellen Serben sind in Pristina zu jener Zeit noch immer bemüht, dem flüchtigen Besucher den Eindruck zu vermitteln, im Kosovo sei alles normal. Zur gleichen Zeit hat jedoch der amerikanische Sonderbotschafter Richard Holbrooke zum ersten Mal Anführer der albanischen Befreiungsarmee UCK besucht und sich von internationalen Fernsehteams dabei filmen lassen. Und zwar im Städtchen Junik im Kosovo, das die UCK, wie angeblich weitere 40 Prozent der albanischen Provinz, lauthals zum »befreiten« Gebiet erklärt.

Den Serben kommt beim Gesundbeten zu Hilfe, daß in der Provinzhauptstadt Pristina die beiden Bevölkerungsgruppen gewaltlos nebeneinander leben. Denn bei den Albanern gibt hier nach wie vor Ibrahim Rugova den Ton an. Die Mehrheit hat den Literaturwissenschaftler bei Untergrundwahlen zu ihrem Präsidenten bestimmt. Rugova ist gegen Gewalt. Aber weil er damit nichts erreicht hat, wird die Befreiungsarmee immer einflußreicher.

Eigentlich habe ich mir vorgenommen, diesmal keine Ruinen, keine Toten, vielleicht sogar keine Flüchtlinge zu fotografieren, keine Kriegsberichterstattung zu liefern. Ich will die Verwaltung im Untergrund darstellen, die Rugova schon vor Jahren Belgrad zum Trotz eingerichtet haben soll. Davon gibt es in Deutschland nur wenige Bilder. Außerdem gibt es ein albanisches Parlament im Untergrund, das bisher nicht fotografiert wurde.

Die albanische Parallelverwaltung entpuppt sich als mühsamer Versuch, die eigenen Kinder in Privathäusern selbst zu unterrichten. Und das Parlament im Untergrund hat sich vor Jahren einmal getroffen, dann nie wieder. Wer sollte es also fotografieren?

Kontakte mit Deutschland zeigen, an einer nicht funktionierenden Untergrundverwaltung und an einem Scheinparlament ist niemand interessiert, erst recht nicht an Rugova. UCK, UCK und nochmals UCK, zerstörte Dörfer, Flüchtlinge in den Wäldern. Solche Fotos werden verlangt.

Friedhelm Brebeck meint, das hätte er mir gleich sagen können. Er lädt mich ein, mit ihm nach Junik zu fahren. Im gepanzerten Jeep, den ich noch aus Sarajewo kenne. Dazu brauche ich allerdings ein Dokument der Serben, da wir bestimmt an mindestens zwei Dutzend ihrer Straßensperren auf dem Weg nach Junik kontrolliert werden.

Das Dokument Nr. 99-1486/98 stellen mir gleich mehrere serbische Beamte in eindrucksvollen Räumen des Gebäudes des Sekretarijat Za Informacije in Pristina aus. Es hält fest, daß ich mich als deutsche Fotojournalistin zunächst für vier Wochen im Kosovo frei bewegen kann. Zusätzlich erfahren alle, die mich kontrollieren, daß ich im Grand-Hotel in Pristina übernachte. Dafür scheint wichtig, wer mir wo ein Visum für Jugoslawien ausgestellt hat und wo ich ins Land gekommen bin. Sollte ich Hilfe brauchen, werde ich an die serbische Polizei verwiesen. Den serbischen Beamten scheint nicht ganz klar, warum mich das amüsiert. Bis ich wissen will: »Wenn es an einer Sperre ›No picture‹ heißt, begleitet mich dann ein Polizist beim Fotografieren?«

Von den Albanern erhalte ich keinen Ausweis oder irgendein anderes Papier. Die Albaner unterhalten in der Provinzhauptstadt in einer Baracke ein Pressebüro, das von den Serben geduldet wird. Vielleicht deshalb, weil dort für den gewaltlosen Rugova und nicht für die UCK geworben wird.

»Ich habe ein Papier von den Serben. Ich hätte auch gern etwas Schriftliches von Ihnen, ich fahre nach Junik«, trage ich mein Anliegen vor. Es wird kurz überlegt. Dann reicht mir eine nette junge Frau ein weißes Blatt im DIN-A4-Format, auf dem ich zunächst nur eine Skizze erkennen kann. »Damit Sie sich zurechtfinden«, sagt sie freundlich. Ich traue meinen Augen nicht.

Da hat doch tatsächlich ein wohlmeinender Mensch mit zittriger Hand und entsprechend krummen Strichen die wichtigsten Straßen von Pristina aufgezeichnet. Er hat das Grand-Hotel, die internationale Flüchtlingsbehörde der Vereinten Nationen, seine eigene Dienststelle und mehrere andere Büros eingetragen und diesen grandiosen Plan fotokopiert. Danach, so sieht es aus, haben seine Kinder die zentralen Anlaufstellen mit Farbstiften bunt ausgemalt.

Kräftige junge Serben räkeln sich auf gepanzerten, oben offenen Mannschaftswagen. Sie sind ausgelassen, als kämen sie von einem Tanzvergnügen und nicht gerade von einem Gefecht mit Albanern. Die Feldmützen haben sie weggesteckt. Ihre Haare sind kurz geschoren. Mit hochgekrempelten Ärmeln stehen sie hinter protzigen Maschinengewehren, den Finger am Abzug. Die gespickten Patronengurte zeigen: jederzeit feuerbereit. Sollte jemand zurückschießen, können sie sich hinter die sauber genieteten Stahlplatten des Aufbaus ducken. Ihre modischen Sonnenbrillen werden sie dann wohl abnehmen müssen.

In diesen Sommerwochen erobern die Serben die von der UCK übernommenen Gebiete mit erheblichem militärischen Einsatz wieder zurück. Wer die Sieger filmen oder fotografieren will, muß jedesmal von neuem mit ihnen über den Sinn von Aufnahmen debattieren. Aber vielleicht wollen sie auch verheimlichen, daß Spezialeinheiten ins Kosovo gekommen sind. Also versucht man es versteckt aus dem fahrenden Auto heraus.

Fernsehkollegen erzählen beim abendlichen Bier an der Hotelbar, daß selbst Regisseure von Spionagefilmen bei ihnen etwas lernen könnten. So raffiniert gehen sie vor. Alle Lämpchen oder Zeiger, die auf das Funktionieren der Filmkamera hinweisen, werden ausgeschaltet. Die schwere Kamera läßt man an der Hand baumeln, als ob sie im Moment überflüssig sei. Rein zufällig dreht sich der Kameramann dann mit dem Gerät in die Richtung, wo ihn etwas interessiert. »Kamera läuft«, denkt er sich dabei. Manchmal hat er sogar Glück, und einige der so entstandenen Aufnahmen sind verwertbar.

Mir ist für meine Fotoapparate noch nichts Vergleichbares eingefallen. Ein Superweitwinkel, das wär's – und ein möglichst endloser Film. Vor allem aber ein Auslöser, der den Verschluß dann betätigt, wenn jemand »No picture« sagt.

An der 27. serbischen Straßensperre auf dem Weg nach Junik, ich habe brav mitgezählt, sagen die Soldaten oder Polizisten wieder »No picture« statt »Guten Tag«. Dazu schütteln sie uns die Hände und lächeln freundlich. Ich fürchte, es nützt wenig, sich taub zu stellen. Also ärgere ich mich auch diesmal wieder. Die vier Uniformierten an der letzten Sperre vor Junik wollen nicht allein entscheiden, ob wir weiterfahren dürfen. Über Funk rufen sie einen Offizier.

Was der wohl hier unweit der albanischen Grenze am Fuß der »Verdammten Berge« in frisch gebügelten Hosen macht? Seine Miene zeigt, er findet das gar nicht gut, daß wir zu den Terroristen wollen, wie man hier die UCK nennt. Daß der Amerikaner Holbrooke vor uns dort war, beeindruckt den serbischen Kommandeur nicht im geringsten. Er schaut uns auf einmal sehr streng an. Müssen wir Junik vergessen? Dann die verblüffende Entscheidung, die er offenbar als gangbaren Kompromiß für beide Seiten empfindet. Mit einer Handbewegung, die in Richtung Terroristen weist: »Ich gebe euch zwei Stunden Zeit. So lange schießen wir nicht.«

Wir wollen gar nicht wissen, wer auf wen schießt. Gleich hinter einer Kurve stehen die ersten Häuser von Junik, ein Ortsschild gibt es nicht. Auf der Straße liegen ein paar Häufchen Geröll. So, als hatte jemand vor, einen Erdwall zu bauen, und es sich dann anders überlegt. Weil sie von ihrer Sperre aus nicht um die Kurve blicken können, bleibt den Serben der ständige Anblick eines mißglückten Belgrader Siedlungsprojekts erspart. Eine Reihe jetzt verlassener Häuser sollte serbischen Familien eine neue Heimat bieten, mitten zwischen alteingesessenen Albanern. Dazu kam es, weil 1995 Kroaten diese Serben aus Westslawonien und der Krajna vertrieben hatten. Sie sollten im Kosovo ihren Landsleuten den Rücken stärken. An die 50.000 waren es wohl insgesamt. Jetzt mußten sie erneut flüchten. Keiner von ihnen ist mehr da. Leere Häuser sind nicht gerade ein aufregendes Motiv. Wo ist die UCK?

Wie gut, daß ich die Kamera bald hierhin, bald dorthin richte. So gelingt es mir, die ersten Kämpfer der UCK wenigstens von weitem aufzunehmen. Sie winken uns von der Straße weg in Gassen zwischen Hausmauern. Es beginnt ein Nachlaufspiel von Innenhof zu Innenhof, als ob die Albaner Indianer wären und wir unwillkommene Weiße, die sie widerwillig zu ihrem Häuptling bringen.

Ich bin geneigt, das »No picture« der UCK-Männer in den Wind zu schlagen, es als Floskel zu nehmen, die sie irgendwo aufgeschnappt haben. Bis sie mir die Kamera aus der Hand reißen wollen. Wissen sie nicht, daß ihnen in Deutschland die Sympathien der Öffentlichkeit gehören? Wozu dieses Theater? Wurde nicht der Amerikaner Holbrooke mit ihren obersten Chefs vom amerikanischen Fernsehen auf den gleichen Schafsfellen gefilmt, auf denen sich jetzt weniger wichtige Krieger mit uns räkeln?

Ihre Erklärung ist so verschlungen wie ihr Denken. Sie wollen nicht zeigen, daß sie keine einheitliche Uniform tragen. Man soll in Deutschland nicht sehen, daß sie schlecht bewaffnet sind. Vor allem aber fürchten sie, Serben könnten sie am Bildschirm identifizieren und feststellen, aus welchem Dorf sie stammen. Ihre Familien würden dann die Politik der »verbrannten Erde« zu spüren bekommen, die die Serben mit ihrer Übermacht gegen alle anwenden, die die UCK unterstützen.

Von Public Relations haben diese Leute noch nichts gehört. Sie lassen uns nicht einmal bis zur albanischen Grenze fahren. Obwohl oder vielleicht gerade, weil der offizielle Übergang vom Kosovo nach Albanien nicht zum von der UCK proklamierten »befreiten Gebiet« gehört, also von den Serben kontrolliert wird. Die Serben haben allerdings die Grenze entlang Minen gelegt. Es ist vielleicht ohnehin keine gute Idee, dorthin zu fahren.

Einer der Männer zerrt mich mit sich und bedeutet mir, ich müßte Aufnahmen für ihn machen. Will er Familienfotos? Einige Burschen haben auf einem Feld gerade ein Skelett ausgegraben und die schwarzen Knochen auf einem blütenweißen Leintuch sortiert. Das sei das erste Opfer der Serben in Junik gewesen, erklären sie mir. Ich muß das Skelett von allen Seiten fotografieren.

Es würde wenig nützen, diese Albaner darauf hinzuweisen, daß sich im Westen ein internationaler Gerichtshof bereits mit Tausenden Ermordeten auf dem Balkan auseinandersetzt und daß angesichts immer neuer Massengräber ein einziger Toter in Junik wenig Aufmerksamkeit findet.

Wir müssen zurück, unsere Zeit ist abgelaufen. Der serbische Offizier an der Sperre hat anscheinend auf uns gewartet. Wir tun so, als wären wir sehr erfolgreich gewesen, und nennen ihm eine kleine Stadt, in die wir jetzt fahren wollen. Ebenfalls angeblich befreites Gebiet, Decani. Das findet er auf einmal großartig. Da könnten wir sehen und aufnehmen, daß die Terroristen gegen die Serben keine Chance haben.

Gleich mehrere Panzerwagen fahren auf der Hauptstraße von Decani, das die Albaner Decan nennen, auf und ab. Es sind richtige Kettenpanzer mit Kanonen. Die Luken haben sie verschlossen, als ob sie sich auf ein Gefecht vorbereiteten. Friedhelm Brebeck kommt aus dem Kopfschütteln nicht heraus. Er hat bei den Albanern gut aufgepaßt. »Das ist doch ein Spaziergang für die Serben«, meint er nun. »Die Albaner haben nur Maschinenpistolen und Handgranaten. Die treten gegen richtige Soldaten in Turnschuhen wie zum Frühsport an.« Was wären Journalisten ohne ironische Begabung. Die Panzer beachten uns nicht, obwohl auf dem Jeep groß »TV« geschrieben steht. Wahrscheinlich hat uns der mit der gebügelten Hose vor Junik bereits über Funk angekündigt.

Die Hauptstraße ist voller Trümmer. Von zahlreichen Häusern sind nur Brandruinen übrig. Sie wurden ganz offensichtlich angezündet. Bei anderen Gebäuden sind Türen und Fenster mutwillig zerschlagen. Möbel wurden auf die Straße geschmissen. Es riecht noch immer nach Rauch und nach Verwesung. Kaum anzunehmen, daß unter den Trümmern Leichen liegen. Die hätten die Serben längst weggeräumt. Eher sind es Tierkadaver, um die sich keiner kümmert. Große Gefechte gab es nicht.

Die Freiwilligen der UCK des Kosovo haben sich in Albanien mit Kalaschnikows der dortigen Armee ausgerüstet. 20 US-Dollar kostet das Stück auf dem freien Markt. Schwere Maschinengewehre, Granatwerfer oder gar Artillerie werden dort nur selten angeboten. Die russischen Maschinenpistolen, wahrscheinlich mehr als 500.000 davon, hat die albanische Bevölkerung während einer Antimilitärrevolte im Vorjahr beim Sturm auf die Depots ihrer eigenen Armee erbeutet. Mit komplizierten Waffen wußten die Leute nichts anzufangen, die ließen sie liegen.

Die Kalaschnikow ist eine hervorragende, von den Russen entwickelte Waffe für den Kleinkrieg. Bei Kämpfen gegen einen Gegner mit schweren Waffen nützt sie wenig. Ich kenne sie aus Afghanistan, aus Sarajewo und von den Palästinensern.

Die romantische Phase der albanischen Befreiungsarmee, wie sie manche nennen, wird militärisch unter solchen Umständen bald vorbei sein. Schon in Pristina wurde mir berichtet, es gebe immer mehr kleine Geisterstädte oder Geisterdörfer mit verstreuten Einzelhöfen in den von der UCK angeblich befreiten Gebieten. Alle Einwohner sind von dort geflüchtet, allenfalls die Buchstaben UCK an geborstenen Mauern erinnern noch an das kurze Zwischenspiel zu früh frohlockender Albaner.

Meistens tauchen die Serben mit ihren Panzern ganz plötzlich auf. Die Schreckensnachricht verbreitet sich schnell im Ort. Zuerst flüchten die Männer der UCK. Erwarten die Serben Widerstand, feuern sie einfach Granaten in die Häuser. Dann fordern sie per Lautsprecher die Befreiungsarmee zur Übergabe auf.

Die Angst vor den Serben ist so groß, daß Frauen, ältere Männer und Kinder gar nicht abwarten, was diese neuen Befreier nun unternehmen werden. Als gelte es, einem herannahenden Wirbelsturm zu entkommen, packen sie das Nötigste in ein Auto, auf den Anhänger hinter einem Traktor oder auch nur auf einen Handwagen und verlassen laut weinend und klagend ihre Häuser.

Später, nach Beginn der Bombardierung durch die NATO, lassen die Soldaten und Polizisten die Leute nicht mehr ziehen, wohin sie wollen. Sie sammeln sie dann in Konvois, um sie gewaltsam an die mazedonische oder albanische Grenze zu bringen, oder sie fordern die Menschen scheinheilig zum Bleiben auf, mahnen sie übers Radio: »Kommt zurück.«

Die Geisterstadt Decani wird mich bestimmt in Träumen verfolgen wie die Leichen und die Skelettberge nach den Massenmorden in Ruanda. Ich muß ständig an die Menschen denken, die hier gelebt haben, während ich meine Aufnahmen mache. Durch das geborstene Schaufenster eines Friseursalons klettere ich ins Innere. Mit großem Aufwand, mit modernen Sesseln für seine Kunden und Spiegeln, in denen sie sich bewundern konnten, hat er gewiß einst die Bauern aus den Dörfern der Umgebung angelockt. Ein Mann hatte sich wohl gerade den Kopf kurz scheren lassen. Braune Haarbüschel liegen um einen Stuhl verteilt. Daneben, zerknüllt und schmutzig getreten, das bunte Tuch, das man ihm um die Schultern gelegt hatte. Ob der Kunde ein UCK-Mann war? Bürstenschnitt ist bei ihnen wie bei den Serben in Mode gekommen.

Er war wohl Kettenraucher, wie viele der jungen Krieger. Im gläsernen Aschenbecher auf der Konsole häufen sich die Kippen, daneben benutzte Kämme, Scheren und Bürsten, außerdem Cremedöschen und Flaschen mit Duftwässerchen. Einen Fön hat irgend jemand gegen die Wand geschleudert.

Plündern, mutwilliges Zerstören hat in der Geisterstadt überall Spuren hinterlassen. Kein Geschäft, kein Wohnhaus in der Ortsdurchfahrt blieb verschont. Die Registrierkasse in der Apotheke sieht aus, als wäre sie mit einem Hammer aufgebrochen. Was haben die Plünderer in den Schränken und Schubladen voller Medikamente gesucht? Dutzende von Tablettenschachteln liegen herum. Nur das Gemüse im Laden bei der Frau um die Ecke wurde nicht angerührt. Es liegt noch immer auf den Brettern wie an dem Tag, an dem die Serben beschlossen, Decani den Garaus zu machen.

Warum sie es überhaupt taten, bleibt unklar. Denn in der Kleinstadt wohnten außer einigen tausend Albanern auch mehrere hundert Serben. Die UCK hatte Decani nie besetzt. Die

Serben haben wahrscheinlich erst ihre Landsleute in Sicherheit gebracht, ehe sie die Häuser durchsuchten und mit dem Brandschatzen begannen.

Die patrouillierenden Panzer in der Hauptstraße machen eine Pause. Es herrscht Totenstille, bis auf einmal Pferdehufe klappern, Karrenräder quietschen. Eine Peitsche knallt. Aus einer Seitengasse rollt ein kleiner Pritschenwagen auf die Hauptstraße zu. Er ähnelt denen, die bei uns die Landwirte zum Transport von Milchkannen benutzten. Gezogen wird er von einem Gaul, der ab und zu unwillig schnaubt. Ich muß grinsen, denn ausgerechnet am ersten serbischen Panzer, den das Pferd passiert, läßt es dicke Roßäpfel fallen. Der Bauer, mit wirrem blonden Haarschopf über dem schmutzigen, offenen Hemd, hat die Pritsche des Karrens zum Schutz der kostbaren Ladung dick mit Stroh gepolstert. Er transportiert einen weiß emaillierten Küchenofen aus Omas Tagen, heizbar mit Holz oder Kohle. Die Ofenplatten sind abnehmbar.

Als er mich entdeckt, hebt er beide Hände hoch. In der einen Hand hält er die Peitsche. Er schlägt nicht nach mir. Er zürnt auch nicht wegen der Fotos. Er zeigt nur an, daß er nichts sagen will. Aber es stellt ihm auch niemand Fragen. Ich frohlocke zum ersten Mal an diesem unheimlichen Ort. Denn Pferdefuhrwerk mit Ofen, dahinter Panzer, als Kulisse noch Brandruinen, das sind die Aufnahmen, die für sich sprechen. Überdies kuscheln sich zwei kleine Mädchen, vielleicht vier und sechs Jahre alt, vorne auf dem Wagen ängstlich an den Vater.

Die Tragödie dieser Sommermonate im Kosovo kommt den Politikern Westeuropas wie den Amerikanern äußerst ungelegen. Junik, wo Sonderbotschafter Richard Holbrooke sich demonstrativ mit den Anführern der albanischen Freiheitsarmee trifft, liegt gleich neben Decani. Decani ist zu der Zeit schon verwüstet. Zehntausende haben im Kosovo ihre Häuser bereits verlassen. Holbrooke schweigt sich darüber aus. Sonst müßte die Politik sich ja etwas einfallen lassen.

Lob gebührt den Mönchen von Decani, die allen helfen, die sie darum bitten. Serben wie Albanern. Das Kloster Visoki gehört der griechisch-orthodoxen Kirche und ist nicht der Mittelpunkt des Ortes. Es liegt außerhalb. Eine Hochburg der Serben, in der man selbst westliche Journalisten herzlich willkommen heißt.

Der Erzmönch Sava Janjic trinkt sogar mit mir türkischen Kaffee. Der Slivowitz, der selbstgebrannte Pflaumenschnaps des Klosters, ist meinen männlichen Kollegen vorbehalten. Sie dürfen auch vom roten Wein kosten, den die meist jungen Mönche keltern. Etwa 20 Mönche leben hier. Die meisten haben ihre Haare zu dünnen Zöpfen geflochten. Ihre schwarzen Kutten ähneln denen der Mönche bei uns, und wie diese tragen auch sie barfuß Sandalen. Das Kloster Visoki Decani hat schon früher von sich reden gemacht. Es gehört zu den architektonisch eindrucksvollsten kirchlichen Bauten auf dem Balkan. Seine Brüder waren durch die Jahrhunderte so eigenwillig wie einfallsreich. Ihr Kloster retteten sie vor der Zerstörung durch die Türken, weil ihnen die osmanischen Herrscher für die Zucht ihrer Jagdfalken überaus dankbar waren. Jetzt haben sie von sich reden gemacht, weil der Erzmönch und sein Bischof stets vor den Extremisten auf beiden Seiten warnen. Sie sprechen es öffentlich aus, und damit sind sowohl die UCK wie Milosevic gemeint.

In sich gekehrte serbische Polizisten zünden an der Klosterkirche Kerzen aus Bienenwachs an. Duft und Kerzenschimmer verweben sich mit dem matten Glanz der Ikonen. Manche sind 700 Jahre alt. Mir kommt es so vor, als ob alle Madonnen auf den Ikonen des Kosovo traurige Augen haben. Sie wurden in Leid hineingeboren. Leid umgibt sie bis in unsere Tage. Auch die Engel der Wandgemälde in Decani schauen leidvoll.

Die traurigste Madonna wurde bereits 1220 gemalt. Allerdings nicht in Decani, sondern in der Bischofskirche in Prizren. Sie hat große, mahnende Augen und den kleinen Jesus im Arm, der aus einem Körbchen Brotkrumen unter die Armen streut. Sie könnte das Symbol von Hilfsorganisationen im Kosovo sein. Aber sie bedeutet viel mehr. Wie alle anderen kostbaren Schätze aus ihrer Vergangenheit ist sie für die Serben ein Hinweis darauf, wo einmal ihre Wiege stand.

Seit ich die Klöster im Kosovo besucht habe, verstehe ich besser, warum sich die Serben derart an den Kosovo klammern und versuchen, die Zeit zurückzuschrauben.

Kinder, immer mehr Kinder krabbeln aus einer primitiven Hütte und tanzen ausgelassen um mich herum. Mehr als ein Dutzend sind es schon. Alle rufen »Kamera, Kamera« und wollen unbedingt ein Foto haben. Es erinnert an Picknickatmosphäre, an Ferienstimmung. Bis Mutter Ahmeti den Kopf durch die Plane am Eingang steckt und ihre wie die Orgelpfeifen gewachsenen Mädchen und Jungen ermahnt. Womöglich könnte einer das eiserne Öfchen umstoßen, auf dem die Mittagssuppe kocht, oder den Eimer mit nasser Wäsche, die an Schnüren aufgehängt werden soll.

Hier wird nicht Indianer gespielt. Das ist die Notunterkunft einer albanischen Bauernfamilie, die mit allen anderen vor etwa zwei Wochen aus dem Dorf Nekovce vor den Serben geflüchtet ist. Die Hütte haben die Ahmetis aus Latten, Ästen und Plastikfolie an dem Bachlauf am Waldrand errichtet, wo auch andere Familien eine vorläufige Bleibe finden. Aufgereiht wie an einer Schnur stehen dort Zelte und Hütten. Dazwischen Traktoren, gelegentlich ein PKW. Es war nicht einfach, diese Flüchtlinge aufzuspüren.

Ihr Heimatdorf habe ich vor wenigen Tagen besucht. Es liegt

weniger als eine Stunde Autofahrt von der Provinzhauptstadt entfernt. Kein Haus in Nekovce, das nicht zerstört ist. Die Serben haben die Häuser erst geplündert, dann angezündet. Manche brannten bis auf die Grundmauern nieder. Erst dann schienen die Serben überzeugt davon, daß in Nekovce die albanische Befreiungsarmee UCK keinen Stützpunkt mehr einrichten kann. Deshalb verzichten sie auch auf Armeepatrouillen. Rührt sich etwas zwischen den Ruinen, wirkt das so, als ob es spukt im Ort. Weit und breit ist keine Menschenseele. Kein Albaner, der mir sagen könnte, wo die Leute von Nekovce geblieben sind.

Noch werden die Hilfsorganisationen im Kosovo geduldet. Von ihren Mitarbeitern weiß ich, wie schwer es überall in der Provinz ist, die von den Serben Vertriebenen oder aus Angst vor ihnen Geflüchteten in ihren Verstecken in den dichten Wäldern zu finden. Es ist kaum möglich, ihnen Hilfe zu bringen. Manchmal stoppen bewaffnete Serben einen Hilfstransport und erklären, sie würden das alles selbst verteilen, die Helfer bräuchten sich keine Mühe zu machen.

Die Albaner haben entsetzliche Angst vor den Serben. Sie haben rasch gemerkt, daß die UCK sie nicht schützen kann. Weder vor den alles niederwalzenden Panzern noch vor den Geschützen, die ein Dorf bereits von weitem beschießen.

Hat eine Dorfgemeinschaft sich einen Platz irgendwo im Wald ausgeguckt, bleibt sie mitunter nur vorübergehend dort. Wenn es das Wetter erlaubt, ziehen sie nach einigen Tagen weiter. Serbische Hubschrauber werfen Flugblätter ab, die die gleiche Botschaft enthalten, die Milosevic auch über Fernsehen und Radio verkündet: »Kommt zurück. Wir tun euch nichts.« Die Flüchtlinge spucken auf die Flugblätter.

Die Familien von Nekovce müßten sich eigentlich in der Nähe ihres Heimatdorfs aufhalten. Wie allen Flüchtlingen und Vertriebenen müßte ihnen daran gelegen sein, zu erkunden, was

Soldaten, Polizisten und Miliz bei ihnen zu Hause angerichtet haben. Ob ihre Häuser noch stehen, ob vielleicht von ihren Möbeln noch etwas ganz geblieben ist.

Gemeinsam mit einem Ortskundigen hoffe ich, sie zu entdecken. Im albanischen Informationszentrum in Pristina spricht mich ein scheuer junger Albaner an. Er druckst ein bißchen herum. Er könne mir vielleicht helfen, zu den Familien von Nekovce zu kommen. So ungefähr wisse er, wo sie sein könnten. Sein Vater besitzt einen kleinen PKW. Für 100 DM könne er sich den leihen. Wir verabreden uns für den nächsten Morgen.

Es gießt in Strömen. Wir fahren auf Feldwegen im Wald herum, bis es nicht mehr geht. Der junge Mann befürchtet, daß er seinem Vater ein vollkommen verdrecktes Auto zurückgeben muß. Ich fürchte, daß ich mit ihm im Schlamm steckenbleibe. Also lassen wir den PKW stehen, gehen zu Fuß weiter. Die meiste Zeit waten wir durch Schlamm. Mein Begleiter führt mich an der Hand. Er merkt, daß ich auf dem schlüpfrigen Untergrund mit meiner Kamera in der anderen Hand leicht ausrutschen könnte. Klitschnaß, total verdreckt, aber mit heiler Ausrüstung kommen wir an.

Ich staune, wie einfallsreich die Flüchtlinge beim Einrichten ihrer Notquartiere sind. Manche verlegen Wohn- und Schlafzimmer auf den flachen Anhänger, vor dem der Traktor gespannt ist. Darüber drapieren sie Plastikfolien aus dem Gemüsegarten. Andere bauen sich einen Iglu aus viel Stroh und Ästen mit Laub. Er wird ebenfalls mit einer Kunststoffplane abgesichert. Nachts schmiegen sich alle wie die Sardinen aneinander. Noch ist Sommer. Aber Decken und Kleidung sind ständig klamm. Junge Männer sehe ich nirgendwo. Viele von ihnen, so sagt man mir, arbeiten zeitweilig in Deutschland, Österreich oder Italien und schicken regelmäßig Geld nach Hause. Funktioniert das wirklich immer noch? Andere sind bei der UCK. Unbewaffnete sehe ich auch nirgends.

Die Kinder hängen wie Trauben an mir. Die Erwachsenen erzählen, wie es war, als die Serben kamen. In Nekovce gingen mit einem Mal die Lichter aus. Das Stromkabel wurde gekappt. Das gehört stets zur serbischen Vorbereitung. In den Hügeln am Dorfrand explodierten Geschosse. Alle wußten, jetzt ist es soweit. Auf die Flucht waren sie bereits vorbereitet. Sie warten die Granaten nicht erst ab. Genügend Benzin für Traktoren und Autos haben sie sich rechtzeitig besorgt.

Was für ein Gefühl muß das sein, auf solche Weise um Haus und Hof gebracht zu werden. Mein Begleiter berichtet ihnen, daß ich kurz zuvor in Nekovce war. Sofort stürmen Fragen auf mich ein. Steht mein Haus noch? Ist mein Haus abgebrannt? Sind wirklich alle Häuser Ruinen?

Ich kann ihnen nichts Tröstliches sagen. Die Frauen weinen, wie immer, wenn sie an ihr Zuhause denken oder davon sprechen. Die Männer schwören Rache.

Ein Bauer erscheint, verkrustet mit Schlamm. Er sagt, daß heute selbst Traktoren auf dem Feldweg nicht fahren können. Er sucht sich einige kräftige Männer aus. Sie gehen mit ihm, um auf dem Rücken Säcke mit Kartoffeln, Mehl und Zucker ins Waldlager zu tragen. Das Rote Kreuz hat heute Lebensmittel gebracht, dazu weitere Decken und Plastikplanen.

Das volle Ausmaß der Tragödie haben die unmittelbar davon Betroffenen noch nicht erkannt. Was ist, wenn es kalt wird, wenn es anfängt zu schneien? Bis jetzt war kein Arzt bei ihnen, der einen Schwerkranken versorgen könnte. Bis jetzt gibt es keine Latrinen. Mit gechlorten Behelfsaborten lassen sich Seuchen noch verhindern.

Der Regen läßt nach. Ich streife zwischen Anhängern, Zelten und Iglus hindurch. Wie stellen sich die Flüchtlinge ihre Zukunft vor? Müssen sie nicht, wohl oder übel, in ihr Dorf zurückkehren und versuchen, Plastikzelte zwischen den Trümmern aufzustellen?

Sie meinen, das werden sie vielleicht erst tun, wenn die Hilfsorganisationen sie dadurch leichter erreichen können. Für sie ist es selbstverständlich, daß Hilfe aus dem Ausland kommen wird. Das hat ihnen die UCK eingetrichtert. Deutschland, sagen sie immer wieder, und Amerika, die sind reich und haben Geld.

»Wir werden uns allein bemühen«, sagt keiner. Diese überall auf dem Balkan verbreitete Erwartungshaltung kann man leider nicht fotografieren. Hilfe erwarten sie als selbstverständlich, zu der bei der UCK auch Waffenhilfe gehört.

In diesem Zusammenhang muß ich an eine Begebenheit in Mostar denken. Gewiß, Mostar ist nicht Kosovo, sondern Bosnien, aber es liegt auch auf dem Balkan. An einem heißen Sommertag versuche ich, die Überreste der berühmten, im Krieg zerstörten Brücke mit neuem Hintergrund zu fotografieren. Auf dem Weg dorthin fallen mir in einer Gasse junge, spanische UNO-Soldaten auf. Sie graben das Kopfsteinpflaster auf und verlegen eine neue Wasserleitung. Das tun sie nicht für die UNO, sondern für die Anwohner. Nur Spitzhacke und Schaufel sind ihr Handwerkszeug, einen Minibagger haben sie nicht. Sie kommen deshalb nur langsam voran. Es ist eine noble Geste, die noch dazu eine Brücke von spanischen Christen zu bosnischen Moslems schlägt.

Unmittelbar neben der Baustelle der Spanier befindet sich ein kleines Restaurant. Im Freien sitzen dort an kleinen Tischen junge Männer, die wie üblich ihren türkischen Kaffee aus winzigen Tassen schlürfen und dazu Zigaretten rauchen. Die Spanier schuften sich direkt vor ihren Augen ab. Die jungen Männer könnten ihnen helfen, zumal es ihre Wasserleitung ist. Aber sie denken gar nicht daran.

Im Wald bei Nekovce folgt mir ein alter Mann, auf dem Kopf eine spitze Filzkappe, wie sie albanische Bauern tragen. Mit beiden Händen hält er einen kleinen, holzgeschnitzten Vogel fest. Den will er mir schenken, erklärt mir mein Begleiter. Ich freue mich angesichts dieser rührenden Geste. Der Alte blickt mich erwartungsvoll an. Ich bedanke mich überschwenglich. Das genügt ihm offensichtlich nicht. Über meinen Begleiter läßt er mir sagen: »Nun mußt du uns auch helfen, damit es uns bessergeht.«

Fast möchte ich ihm daraufhin seinen Vogel wieder in die Hand drücken. Doch dann kommt mir der Gedanke, was er wohl in den letzten Wochen alles durchgemacht hat. Ich verspreche ihm, daß Hilfe kommen wird.

Die NATO bombardiert. Jugoslawien weist die westlichen Journalisten aus, im Konvoi verlassen sie Pristina. Einige bleiben im Kosovo, verstecken sich. Fotografen sind nicht darunter. Ich bin in Deutschland zu dieser Zeit und versuche, nun so schnell wie möglich nach Albanien zu kommen. Dort werden Hunderttausende von Flüchtlingen erwartet. Die deutsche Luftwaffe fliegt in die albanische Hauptstadt Tirana. Ich darf mit.

Ich bin überglücklich, weil niemand von mir verlangt, während des Fluges eine schwere, gepanzerte Weste anzuziehen oder einen Stahlhelm aufzusetzen. Das war Pflicht, wenn man mit der UNO nach Sarajewo flog. Ich bin dennoch aufgeregt, weil mir niemand sagen kann, was in Tirana vor sich gehen wird. Albanien ist auch ohne Krise recht chaotisch.

Es klingt pervers, aber den Flughafen von Sarajewo, umkämpft und mit Hunderten aufgetürmter Sandsäcke einer Festung gleichend, ziehe ich dem Flughafen von Tirana im Frieden vor. Das Durcheinander, das mich nach der Landung in Tirana am Rand der Rollbahn empfängt, ist eine Mischung aus orientalischem Markt und vereinzelter moderner Technik. Anarchie selbst dort, wo eigentlich nur ein Minimum von Organisation nötig wäre. Die Luftwaffe fertigt glücklicherweise ihre Passagiere selbst ab. Aber wo um Gottes willen ist bloß das Flughafengebäude? Wo kann ich mich erkundigen, wie ich nach Kukes im Norden Albaniens weiterkomme? Dort sollen bereits Zehntausende von Albanern nur mit dem Notwendigsten über die Grenze strömen. Da muß ich hin. Doch die Straßen nach Kukes sind verstopft, hat mir noch in Deutschland jemand erzählt, der albanisch spricht und ständig Radio Tirana hört. Es gibt kein Durchkommen mehr, auch nicht für die Hilfsorganisationen.

Ich stoppe den nächsten blauen UNO-Mann, der mir über den Weg läuft. »Kukes, Kukes«, schreie ich, weil er mich wegen der dröhnenden Flugzeugmotoren sonst nicht verstehen würde. Er zögert einen Augenblick. Mit vom Propellerwind zerzausten Haaren und vom Transportflieger schmutzigen, zerknautschten Klamotten, dazu ein Unding von Reisetasche schleppend, sehe ich wahrscheinlich nicht gerade vertrauenswürdig aus. »Journalist, Journalist«, versuche ich zu erklären und nicke in Richtung geparkter Bundeswehrmaschine.

Er deutet auf einen Hubschrauber, der vielleicht 200 Meter von uns entfernt auf der Betonpiste steht. Die Rotoren drehen sich bereits. Ich glaube, wie in diesem Augenblick bin ich selbst nie bei Tennisturnieren gesprintet, dazu noch mit diesem Gepäck. Die Seitentür des Helikopters ist offen. Jedoch winkt schon von weitem jemand, daß ich bleiben soll, wo ich bin. Nichts geht mehr. Aber ich gebe nicht so leicht auf.

Es zahlt sich aus. Das Gesicht im Hubschrauber kommt mir auch irgendwie bekannt vor. Der zunächst abweisende UNO-Mann im Pilotenoutfit rudert plötzlich auch nicht mehr mit den Händen. Er reckt den Kopf vor und formt die Hände zu einem Trichter. An seinen Lippen kann ich ablesen, was er schreit: »Ursula.« Dann zieht er mich zwischen die Kisten und Kästen, auf denen das gleiche wie auf dem Hubschrauber steht: UNHCR, das Signum der Flüchtlingsorganisation der Vereinten Nationen.

Mit deren Plazet und der Unterstützung von Anthony, so heißt der Pilot, habe ich in Bosnien und Sarajewo viele Aufnahmen gemacht. Ich hatte ihm auch, wie versprochen, einige der Bilder geschickt.

Ich halte nichts davon, Leuten erst Fotos zuzusagen und dann nichts mehr von sich hören zu lassen. Besser gleich abwiegeln und bedauern, wenn es nicht möglich ist.

Hubschrauber sind besonders laut, wieder muß ich schreien. »Kukes. Was ist dort?« Anthony und ich kennen uns gut genug, um ehrlich miteinander sein zu können. Er holt tief Luft, schaut mich betroffen an und bekreuzigt sich. Ich habe schon kapiert.

Kukes ist so, wie man sich einen überaus betriebsamen Feldflughafen vorstellt. Seit 24 Stunden landen dort Helikopter und kleine Transportmaschinen, wo vorher nur Schafweide am Rand einer Kleinstadt war. Selbstverständlich hatte ich die Kamera schon vorbereitet. Ich mag es fast nicht glauben, niemand kümmert sich darum, daß ich pausenlos fotografiere. Der Auslöser ist fast ständig unten, während albanische Flüchtlinge Hilfssendungen empfangen. Erst ist noch Verzweiflung in den verhärmten Gesichtern zu sehen, als sie ihre Hände nach Reis, Mehl und Zucker ausstrecken, dann Erlösung, weil sie die Hände nicht leer zurückziehen müssen.

Ich fotografiere von der Ladeluke des Hubschraubers aus; mit einem Blickwinkel auf die Gesichter, als ob ich die Pakete selbst verteile. Dann stürze ich mich in die Menge. Die Reisetasche lasse ich bei einem Posten der UNO. Es stimmt, daß Zehntausende von Albanern mit einem Mal dem Kosovo ihren Rücken kehren.

Sie kommen im PKW, auf dem Traktor, im LKW, auf Pritschenwagen, mit dem Pferdefuhrwerk, mit dem Handkarren, kurz mit allem, was rollt. Sogar einen Omnibus entdecke ich.

Die Serben verjagen die Albaner regelrecht, wenn diese nicht freiwillig ihre Häuser verlassen. Tote gibt es auch, wie wir von den Ankommenden erfahren. Und wo ist eure Befreiungsarmee UCK? Irgendwo in den Bergen.

In Kukes und um Kukes herum wird für Tage das ganze Elend dieser Balkanwelt auf kleinstem Raum zusammengepfercht. Bis zersprengte Familien sich wiederfinden, bis sich Dorfgemeinschaften wieder versammeln, dann werden sie weiterfahren. Aber nur, wenn der albanische Staat sie läßt, ansonsten müssen sie in Lagern leben.

Feuer werden angemacht, Wäsche wird aufgehängt, Kochtöpfe brodeln, Säuglinge schreien erbärmlich. Kinder drängen sich vor den Ausgabestellen der Hilfsorganisationen, bis man sie mit einem Berg Brot in den Armen glücklich macht. Es sind nicht immer Kosovo-Albaner, sondern manchmal auch Alteingesessene, die ihre Sprößlinge zum Brotholen schicken. Denn Kukes ist eine arme Stadt, und Albanien ist ärmer als Jugoslawien. Die Einwohner von Kukes gehen bei den Helfern ohne weiteres als bedürftige Flüchtlinge durch. Mitunter sind die Flüchtlinge aus dem Kosovo sogar besser gekleidet.

Den privaten, internationalen Hilfsorganisationen, dem Roten Kreuz und dem Hilfswerk der Vereinten Nationen wird später vorgeworfen, sie hätten zu wenig für die Flüchtlinge getan. Das ist ungerecht. Von weit weg, vom grünen Tisch, läßt sich leicht kritisieren. Dabei war Albanien für die meisten bisher ein weißer Fleck. Italien hatte wegen seiner geographischen Nähe seit jeher enge Beziehungen zu Albanien, kurze Zeit hindurch herrschte Italiens König sogar auch in Tirana.

Das italienische Rote Kreuz gehört zu den ersten, die in Kukes helfen. Es ist sehr großzügig, und die Mitarbeiter haben immer nur kurze Ruhepausen. Die Flüchtlinge danken es ihnen. Ich beobachte während des Fotografierens immer wieder, wie Frauen aus dem Kosovo einen Teil der gerade empfangenen Kindernahrung zurückgeben. Sie begründen es damit, daß sie nicht so viele kleine Kinder haben.

Die NATO hat den Tag der Bombardierungen nicht im voraus bekanntgegeben. Sie hat die Welt glauben gemacht, mit ihren Bomben werde die ethnische Säuberung im Kosovo verhindert. Die Massenvertreibung der Albaner aus dem Kosovo hat dann alle überrascht, einschließlich der Vereinten Nationen.

Die Flüchtlinge wissen gar nicht, was es zu bedeuten hat, daß aus einem der Hubschrauber der UNO plötzlich eine zierliche Japanerin klettert. Es ist die betagte, aber agile Sadako Ogata, Hochkommissarin des Flüchtlingswerkes der Vereinten Nationen.

Ich arbeite nur zufällig in der Nähe. Frau Ogata hat sich nicht angemeldet. Sie will selbst nachsehen, woran es fehlt. Mir gelingt eine ganze Serie guter Aufnahmen von ihr. Glück muß man in meinem Beruf öfter als bei einer herkömmlichen Beschäftigung haben. Das Glück kann schon darin bestehen, daß die Sonne scheint, wenn man sie für bestimmte Fotos braucht.

Ziellos durchstreife ich die quirlige Menge. Ich hoffe, vielleicht doch Bekannte zu treffen. Schließlich war ich mehrmals bei den Albanern im Kosovo. Für die Zeitschrift Brigitte hatte ich eine der letzten albanischen Großfamilien fotografiert. Salim Ahmeti, das Familienoberhaupt, und die 80 Jahre alte Mutter Nexhipe, die Principalin, bleiben mir unvergessen. Ob sie versucht haben, nach Mazedonien zu kommen, weil das für sie näher liegt? Oder ob man sie gewaltsam dorthin geschafft hat?

Es gab noch eine andere Großfamilie, die Nevokasis im Dorf gleichen Namens. Sie hatten Mauern um ihre Gehöfte, die wahrscheinlich mehr gekostet haben als die Häuser selbst. Hazir, das Oberhaupt, hat die Familienkasse für alle verwaltet. Womöglich hat er noch auf der Flucht darauf bestanden, Geld für Zigaretten nach Ermessen zuzuteilen. Jetzt wird er die Frauen nicht mehr zur Feldarbeit schicken können, während sich die Männer die Zeit mit Kartenspielen vertreiben. Jetzt müssen alle albanischen Männer mit anpacken. Leider finde ich niemanden, den ich kenne. Es sind zu viele Menschen.

Es wird für mich Zeit, daß ich mich nach einer Übernachtungsmöglichkeit umschaue. Denn mit der Kameraausrüstung möchte ich nur ungern unter freiem Himmel schlafen. Außerdem bin ich durchgeschwitzt und unglaublich schmutzig und will deshalb die Wäsche wechseln. Zudem sollte ich mich kundig machen, was demnächst läuft bei dieser neuen Krise in der Krise. Rücken etwa die Serben an? Beim Trubel um Frau Ogata war mir ein klappriger Mercedes aufgefallen, auf dem »Presse« stand. Der Mercedes parkt noch am Straßenrand. Ein Fahrer wartet daneben. Ich frage, ob er mich mitnimmt zu einem Hotel. Er verweist mich an seinen Chef.

Das ist ein älterer, souverän wirkender, offenbar sehr erfahrener Kollege, Amerikaner, wie sein breites Englisch zeigt. Es scheint ihn zu amüsieren, daß ich in Schwierigkeiten bin. Später erzählt er mir, daß er durch mich an seine eigene Sturm- und Drangzeit erinnert wurde, wo es ihm auch gelegentlich widerfuhr, daß er über der Arbeit alles andere vergaß. Mittlerweile ist er renommierter Korrespondent der New York Times.

Nach einer Pressekonferenz der UNO lande ich mit ihm in einem schlechten, überfüllten, dafür um so teureren Restaurant. Noch ehe das Schnitzel serviert wird, hat er mir schon den Appetit verdorben. Nach allem, was er weiß, gibt es nirgends mehr ein Bett. Er hat in seinem Zimmer schon drei Kollegen aufgenommen. Die haben Schlafsäcke dabei. Er besteht darauf, für mein Essen und die Cola die verlangten 50 DM zu zahlen. Mit »Good luck!« entläßt er mich vor einem Hotel, in dem Mitarbeiter von Hilfsorganisationen wohnen.

Das Hotel ist restlos ausgebucht. Im Restaurant ist ein Tisch von UNO-Leuten belegt. Die bedauern, einige von ihnen müßten bereits auf dem Fußboden schlafen. Dann entdecke ich einen anderen großen Tisch mit Männern und Frauen vom Internationalen Roten Kreuz. Ich sage schüchtern mein Sprüchlein auf, auch, daß ich öfter Aufnahmen für das IRK in Genf mache. Am Tischende sitzt der Chef-Koordinator. Auch er erklärt, alle Zimmer seien belegt. Aber ich sei ihm nicht unbekannt. Also ruft er nach kurzem Zögern über den Tisch: »Wer hat zwei Betten in seinem Einzelzimmer?« Drei heben die Hand. Der Koordinator bestimmt: »Charles, du teilst bitte dein Zimmer mit Ursula.« Charles drückt mir einen Schlüssel in die Hand und sagt: »Zimmer 23 im zweiten Stock. Help yourself. Laß aber bitte die Tür für mich offen!«

So einfach ist das auf einmal. Ich dusche und lege mich dann gleich schlafen. Am anderen Morgen ist Charles so rücksichtsvoll, daß er zum Frühstück verschwunden ist, bevor ich aufgestanden bin und mich bei ihm bedanken kann.

Der protestantische Bischof Kamphausen von Limburg an der Lahn ist ein in jeder Beziehung unerschrockener Mann. Im Lager Stancovac bei Skopje läßt er sogar die scheußlich stinkenden, primitiven Latrinen der Kosovo-Albaner bei seiner Besichtigung nicht aus. Ich darf ihn dabei fotografieren. Inzwischen weiß alle Welt, daß die vertriebenen Albaner nicht nur in den NATO-Staaten ungern aufgenommen werden, wo man sich offiziell mit ihnen solidarisch erklärt. Mazedonien, Kosovos Nachbar im Süden mit eigener albanischer Minderheit, hat die Flüchtlinge unter die »unerwünschten Ausländer« eingereiht. Sie müssen in den Lagern bleiben. Am liebsten würde man sie zurückschicken über die Grenze. Bischof Kamphausen merkt das nicht nur an den Latrinen.

Ich bin auch diesmal mit der deutschen Luftwaffe auf den Balkan gekommen. Nach Skopje, der Hauptstadt Mazedoniens, weil es dort den einzigen passablen Flughafen gibt. In Mazedonien, an der Grenze zum Kosovo, sind Soldaten der Bundeswehr stationiert. Tirana, mein eigentliches Ziel, wird nicht mehr angeflogen von den Deutschen. Ich kann es nur in einem Mietwagen mit Fahrer erreichen. Fast scheitert diese abenteuerliche Reise schon an der Grenze. Denn es kommt zu einem gefährlichen Zwischenfall mit albanischen Taxifahrern, die seit Tagen keine Kunden mehr befördern konnten. Sie beanspruchen das Monopol für Fahrten nach Tirana. Schon sind sie dabei, mich mit Gewalt aus dem Auto zu zerren und den Kofferraum mit meiner Kameraausrüstung aufzubrechen, als Polizei eingreift. Zu welchem Land die gehört, kann ich nicht einordnen. Die Polizisten sind mit Maschinenpistolen bewaffnet, die Taxichauffeure sind unbewaffnet. Es gibt ein großes Hin und Her. Dann wird es dunkel, und ich darf endlich weiterfahren.

Am nächsten schier unüberwindlichen Hindernis ist das Wetter schuld. Sintflutartige Regenfälle haben bewirkt, daß ein großes Stück Gebirgsstraße fast über die ganze Breite hinweg in eine Schlucht abgesackt ist. Mein Fahrer meistert die Situation im Schrittempo bei sehr mäßigem Scheinwerferlicht. Ich verstehe schlagartig, warum mir in Skopje gesagt wurde, daß man zur Zeit nicht nach Tirana fahren kann. Die Eisenbahnlinie zwischen Skopje und Tirana existiert nicht mehr. Auch wurde der Flugverkehr zwischen Mazedonien und Albanien eingestellt.

Bei Schwester Maria Luisa, einer Psychotherapeutin, versuche ich mir dann vorzustellen, wie ich diese Nachtfahrt mit einer farbigen Zeichnung bewältige. Schwester Maria Luisa ist eine einfühlsame Italienerin, sie gehört zum Orden der Salesianer. Im Camp in Tirana, das nach dem Ordensgründer Don Bosco benannt ist, betreut sie mehrere hundert Kinder aus dem Kosovo.

Aus dem Piemont hat sie einen allerliebsten Harlekin mit eingebauter Spieluhr mitgebracht. Sie regt die Kinder an, der sanften Melodie der Puppe zu lauschen, dabei die Augen zu schließen und zu versuchen, zu träumen. Wenn die Musik verklungen ist, sollen sie das, was sie geträumt haben, mit bunten Stiften zu Papier bringen.

Was sie mir später für die Kamera zeigt, entspricht dem ganzen schrecklichen Ausmaß der Erlebnisse dieser Kinder. Meistens rollen Panzer über grüne Wiesen, Häuser brennen. Es führen aber auch breite, schwarze Fußstapfen weg von einem Haus. Die besagen, daß der Vater entführt wurde und nie mehr zurückkam. Schwester Maria ist guten Mutes, daß sie den Kindern über die schlimmsten traumatischen Erfahrungen hinweghelfen kann. Demnächst beginnt sie Gruppentherapie.

Eines bleibt diesen Kindern vorübergehend erspart. Es gibt kein Fernsehen im Lager, das sie mit Bildern von Krieg und Tod belastet. Auch Kriegspielen ist bei den Salesianern verpönt. Geschenkpakete mit Kriegsspielzeug aus Plastik werden erst gar nicht ausgeteilt. Sie wandern sofort in den Müll.

So gut wie den 1.000 Kosovo-Albanern in der Zeltunterkunft Don Bosco und den etwa 1.000 anderen, die die Padres außerhalb des Camps mit Lebensmitteln und Medikamenten versorgen, geht es den Flüchtlingen sonst nirgendwo im Land. Albanien sperrt sie zwar nicht in Lager. Dafür ist die Regierung schlau genug, sich die vom Westen angeblich menschenwürdige Behandlung der Leute aus dem Kosovo teuer bezahlen zu lassen. Doch die berühmten Kleinigkeiten gibt es auch hier. Einheimische Familien, die Flüchtlinge großzügig in ihre Wohnungen aufgenommen habe, verlangen auf einmal saftige Mieten. Die müssen sich ihre Gäste oft genug vom Essen absparen. Immer häufiger lassen sich Ortsansässige unter irgendeinem Vorwand auch die Stellplätze für Autos, Traktoren und Lastwagen aus dem

Kosovo bezahlen. Arzthonorare sind ebenfalls enorm gestiegen. Und obwohl sie die gleiche Sprache sprechen, sind Kosovo-Kinder in den Schulen der Einheimischen unerwünscht.

Bei Don Bosco gibt es regelmäßige, von Leuten aus dem Camp selbst zubereitete Mahlzeiten. Wer sein Fahrzeug neben den Zelten im Camp abstellt, braucht dafür nichts zu bezahlen. Kranke werden kostenlos versorgt. Neben dem Schulunterricht für Kinder laufen Kurse in Erwachsenenbildung. Doch auch unter extrem günstigen Verhältnissen beherrscht ein Thema die Gespräche, so wie man mir immer wieder die gleiche Frage stellt: Wann kommen wir zurück?

In einem der Zelte, die für pflegebedürftige Flüchtlinge ohne Familien sorgfältigst ausgestattet sind, liegt eine Frau, von der es heißt, sie sei 100 Jahre alt. Alle sprechen leise, sobald sie an ihrem Zelt vorbeigehen. Sie nimmt von allem, was um sie herum passiert, keine Notiz. Dabei ist sie ganz klar im Kopf. Unentwegt stammelt sie: Kosovo, Kosovo, als ob sie sich daran festhalten könnte. Sie will einfach sterben, wo sie geboren ist.

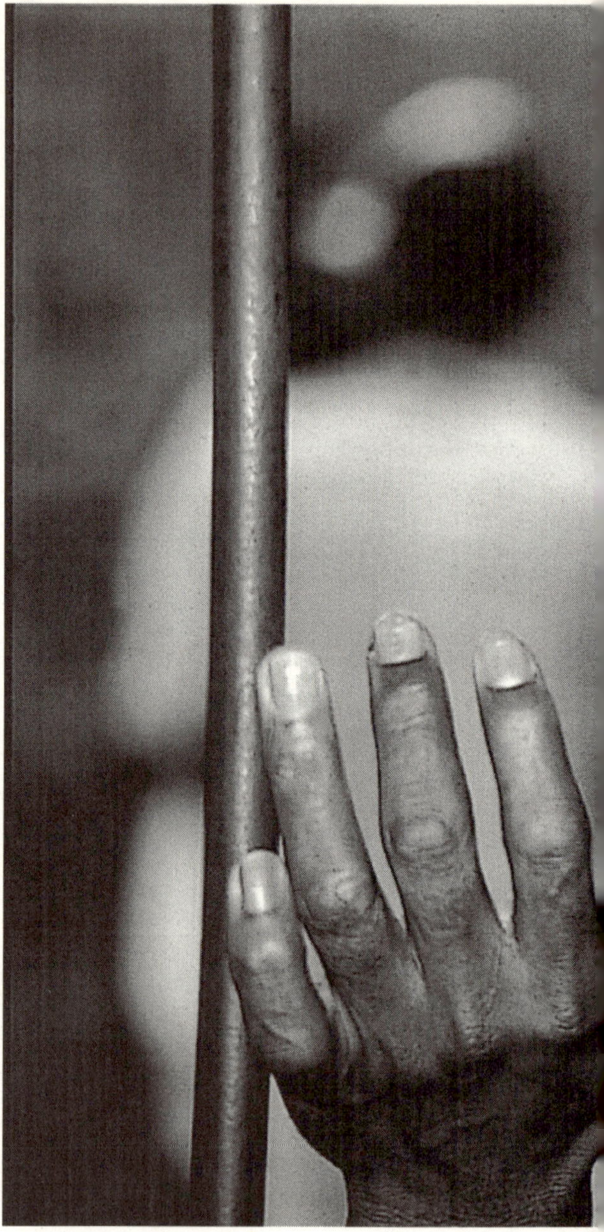

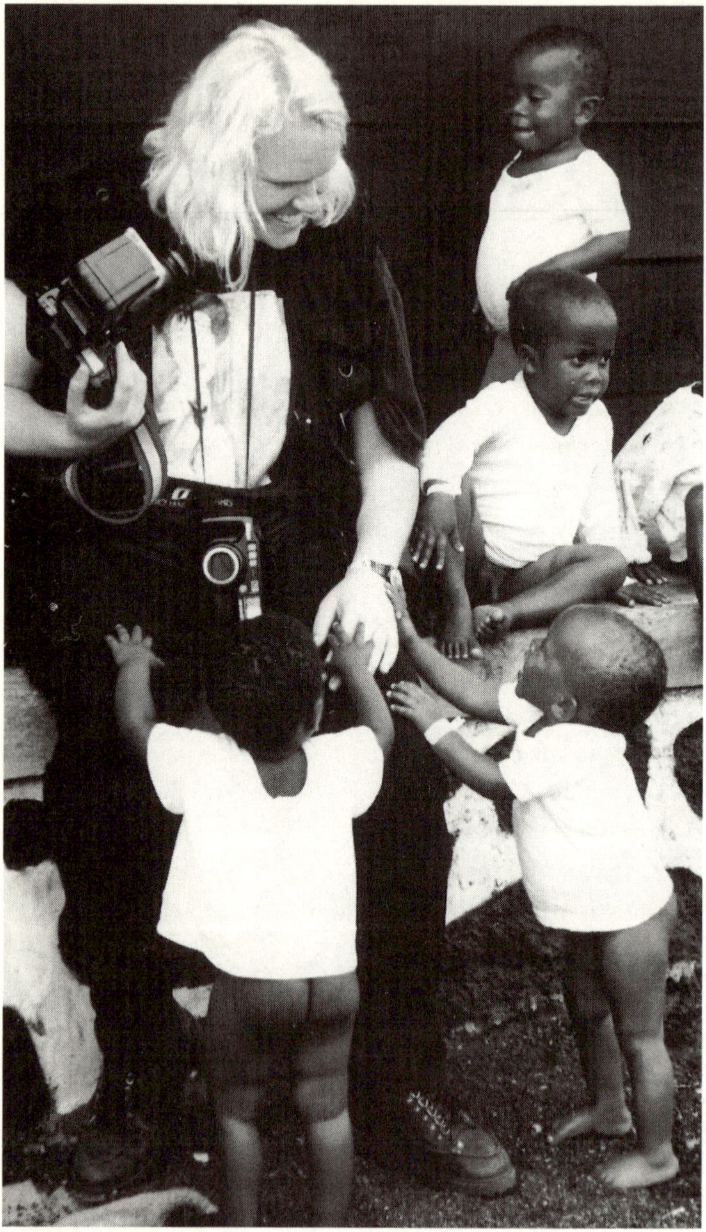

Bei den Berggorillas in Ruanda

Rülpsen, immer wieder laut und kräftig rülpsen, das ist der Geheimtip, den ich aus der Hauptstadt Ruandas, aus Kigali mitbringe. Ganz entgegen aller gelernten Anstandsregeln. Das Rülpsen soll mich vor Angriffen der Berggorillas bewahren. Sie soll es friedlich stimmen, falls ich ihnen überraschend begegne. So sind sie es nämlich gewohnt, sich gegenseitig ihre Wertschätzung zu zeigen. Tage vorher habe ich bereits fleißig geübt. Umsonst, wie sich erweist. Wieder einmal kommt alles ganz anders.

Schon drei Stunden quäle ich mich zusammen mit mehreren Wächtern des Nationalparks einen steilen Pfad am Vulkan Karisimbi hinauf. Es regnet in Strömen, als ob ich nicht ohnehin wüßte, warum dieser grüne Dschungel landläufig Regenwald heißt. Die Kamera halte ich in einer wasserdichten Tasche. Ein Mann geht vor mir, mit seiner breiten Machete beseitigt er Schlingpflanzen und herunterhängende Äste. Er versucht auch, mich vor stechenden Nesseln zu schützen, die nur von Einheimischen als solche erkannt werden und die tagelang ein quälendes Jucken auf der Haut hinterlassen. Ein Soldat mit Maschinenpistole ist ebenfalls mit von der Partie. Er soll die anderen Guerillas vertreiben, die diese Gegend unsicher machen. Ich vermute, er kam nur mit, weil er Langeweile hatte.

Ich atme schwer. Wir sind nun über 3.000 Meter hoch. In den Alpen läge da Schnee. Hier ist der Äquator nicht weit, das Klima ist tropisch. Es bestimmt die Fauna. Meine Begleiter dukken sich mit einem Mal. Mit Gesten versuchen sie mir zu bedeuten, daß ich mich ebenfalls hinkauern soll. Ich wische mir das Regenwasser aus den Augen. Gorillas tummeln sich plötzlich überall zwischen den Laubbäumen und im Gebüsch, leider nicht auf einer Lichtung, wie ich mir das gewünscht hatte – kleine, flinke schwarze Wollknäuel, die Babys; große, massige, behäbige Tiere, offenbar die Mütter. Dazwischen hockt ein Riese mit silbrig glänzendem Rücken, vermutlich der Familienvater. Ich bin so aufgeregt, daß ich nicht nur das Rülpsen vergesse. Blitzlicht ist strengstens verboten, das weiß ich; ich habe es gar nicht erst mitgenommen. Aber hinter dem Parkwächter bleiben, Gorillababys zunächst links liegenlassen, außerdem so tun, als hätte ich keine Kamera, diese Regeln scheinen mir für Laien bestimmt. Ich krieche unauffällig, wie ich meine, an eines der schwarzen Wollknäuel in meiner Nähe heran. Seine Mutter, die es eben noch auf dem Arm hielt, kaut schmatzend dunkelgrüne Blätter und kümmert sich nicht um mich.

Jetzt müßte ich den richtigen Blickwinkel haben. Ich stütze mich auf einen Baumstumpf, jubiliere innerlich. Aber noch ehe ich auf den Auslöser drücken kann, richtet sich unversehens fünf, höchstens sechs Meter vor mir der Gorillavater zu furchterregender Größe auf.

Ich hatte nicht bemerkt, daß er näher gekommen war. Mit riesigen Fäusten trommelt er sich auf die zottige Brust. Dazu brüllt er so laut, daß es mir eiskalt über den Rücken läuft. Ich habe das Gefühl, daß er sich jetzt gleich auf mich stürzen wird.

Meine Begleiter wissen es besser. Dieses Trommeln ist als letzte Warnung zu verstehen. Die Parkwächter ziehen mich von dieser Szene weg. Sie machen mir klar, alles wäre gutgegangen, hätte ich mich richtig verhalten. Jetzt müßten wir gehen.

Eigentlich hätte ich noch eine Stunde Zeit gehabt. So lange erlaubt man Fremden, die Gorillas zu stören. Eine Stunde verbringen die Parkwächter auch täglich in der Nähe der Tiere, unabhängig davon, ob sie Besucher zu ihnen führen.

Die Wächter sind noch bei Dian Fossey in die Schule gegangen. Jener beinahe legendären Amerikanerin, die als erste die Gorillas wissenschaftlich erforschte. Von ihr wissen wir, daß die

Berggorillas keine schrecklichen King-Kong-Ungeheuer sind, sondern sanfte Riesen, die sich mit Vorliebe von Laub ernähren.

Das Schicksal der im Nationalpark ermordeten Amerikanerin wurde mit dem Kinofilm »Gorillas im Nebel« nachempfunden. Warum sie in ihrer Forschungsstation mit einer Machete erschlagen wurde, ist bis heute ungeklärt.

Bevor das Massenmorden der Hutus an den Tutsis begann, war auf den Spuren der Amerikanerin ein bescheidener Gorillatourismus in Ruanda in Gang gekommen. Die Bungalows, die im Dschungel für Touristen errichtet worden sind, wurden längst niedergebrannt. Zerstört wurde auch die Forschungsstation, die mit dem Namen Dian Fossey verbunden ist.

Die Nacht vor meinem jäh abgebrochenen Ausflug zu den Gorillas verbringe ich im Auto neben den Ruinen. Alle warnen mich, nicht auf der Wiese zu schlafen, weil es hier neben den stechenden Nesseln auch eine besonders gefährliche Art von stechenden Ameisen gibt.

Die Parkwächter haben von Dian Fossey gelernt, daß Menschenaffen gut riechen können. Wer sich über einen längeren Zeitraum hinweg aus der Nähe als ihr Freund erweist, wird von ihnen schließlich entsprechend eingestuft und nach seinem individuellen Geruch identifiziert.

Ein Freund darf dann auch andere mitbringen, ohne daß sich die Gorillas bedroht fühlen. Das ist die Basis für Ausflüge mit Parkwächtern zu den Gorillas, bei denen stets nur kleine Gruppen von Erwachsenen mitgenommen werden. Es soll kein zu enger Kontakt zu den Tieren entstehen, weil Menschen die Affen mit Krankheiten lebensbedrohend anstecken können. Zum Beispiel mit Malaria oder auch mit Grippe.

Nach Ruanda bin ich nicht der Gorillas wegen gekommen. Der Ausflug zu ihnen hat sich zufällig ergeben. Der Grund für meine erste Reise ist bei schönem Wetter vom Vulkan aus in der Ebene deutlich auszumachen. Dort befinden sich merkwürdige Städte, durchsetzt von unzähligen Bambushütten, die meist mit blauem Plastik gedeckt sind. Wo Platz ist, steht ein schmutziges Zelt. Es gibt kaum Autos, aber überall wimmelt es vor Menschen. Aus der Ferne betrachtet, ein aufregendes Bild. Vor allem, wenn der Himmel so blau ist wie der See, wobei das Ganze von einem grünen Gürtel zusammengehalten wird.

Aus der Nähe ist es das erbarmungswürdige Elend Hunderttausender. Der Geruch ihrer Kochstellen kann sich kaum mehr gegen den feinen Dunst chemischer Sprays behaupten, die Epidemien wie Cholera jetzt verhindern sollen.

Etwa eine Million Hutus aus Ruanda haben hier, in der Umgebung der Stadt Goma, während der letzten Monate Zuflucht gefunden. Goma liegt in Zaire, früher Kongo, unmittelbar hinter der Grenze zu Ruanda, am 10.000 Quadratkilometer großen Kivu-See. Der Kivu-See ist fast 20mal so groß wie der Bodensee, also ein richtiges Binnenmeer. Die Grenze zwischen den beiden Staaten verläuft mitten durchs Wasser.

Amerikaner lieben es, Gesprächspartner aus anderen Ländern darauf hinzuweisen, daß in den USA alles größer sei. Den Spruch haben sie in Goma angesichts der Leichenberge aus der ersten Choleraepidemie schnell vergessen. Für Fotojournalisten gibt es bei einer Epidemie diesen Ausmaßes wenig zu entdecken. Die Fernsehkameras haben die Leichenberge via Satellit bereits frei Haus geliefert.

Ich fühle mich zu Kindern hingezogen, die in einem Lager, in dem 6.000 elternlose Kinder hilflos durch Staub oder Schlamm patschen, etwas suchen, an dem sie sich festhalten können. Jedesmal, wenn ich dort erscheine, werde ich mit dem Jubelruf »Muzungu« empfangen. Das bedeutet zwar nur »Weiße«, doch der Jubel drückt aus, es ist eine, die wir mögen.

100, 150, manchmal vielleicht sogar 200 Knirpse toben um mich herum und versuchen, mich an den Händen zu fassen. Keiner ist älter als zehn Jahre. Würden sie ihre Hände aufhalten und »Dollar, Dollar« betteln, wie ich es vom Nahen Osten zur Genüge kenne, wäre ich gewiß versucht, mich ihnen zu entziehen. So aber möchte ich möglichst viele Kinderhände streicheln und mit der Kamera diesen unschuldigen Blick aus kastanienbraunen Augen festhalten, der immer aufs neue zu fragen scheint: »Warum bloß, warum?«

Dank internationaler Hilfe haben die Kinder genug zu essen, sie werden auch schulisch betreut und ärztlich versorgt. Die Vereinten Nationen, das Internationale Rote Kreuz und an die 30 private Hilfsorganisationen aus zahlreichen Ländern verhindern, daß am Kivu-See der Choleraepidemie andere Katastrophen folgen. »Die Lage hat sich stabilisiert«, wie es im schönsten Bürokratendeutsch heißt.

Ich schlafe in einem Zelt bei den Männern des THW, des Technischen Hilfswerkes der Bundesrepublik, in einer Hängematte und bestens abgeschirmt gegen die nächtlichen Mückenschwärme durch ein Moskitonetz, made in Germany. Es gibt sonst keinen Platz, wo ich schlafen könnte. Alle Zelte der Hilfsorganisationen sind überbelegt. Die Alternative wäre, täglich auf irgendeine Weise in ruandisches Gebiet zurückzufahren. Jedesmal bräuchte ich dann ein neues Visum für Zaire, die Gebühr dafür liegt bei 50 DM, je nach Laune des Grenzbeamten.

Im ruandischen Hotel würden mich schlimmere sanitäre Verhältnisse als im Flüchtlingslager erwarten. Beim Transport wäre ich auf den Zufall angewiesen, denn noch verkehren die Omnibusse zwischen Ruanda und Zaire nicht. Zu guter Letzt bliebe die Ungewißheit, ob die Grenze nicht plötzlich für einige Tage geschlossen wird, weil sich etwa 20.000 Soldaten der ehemaligen Hutu-Armee von Ruanda in einem Lager unweit von Goma zu langweilen anfangen. Von ersten Übergriffen wird bereits berichtet.

Die Männer vom THW haben mich in einem ihrer Hilfsflugzeuge von Deutschland nach Zentralafrika mitgenommen. Etwa 70 von ihnen sind jeweils für einen Monat im Einsatz. Ihr Highlight ist das, was die Flüchtlinge gleich am ersten Tag fast ehrfürchtig Mineralwasser nennen. Sauber aufbereitetes Seewasser, das man gefahrlos trinken kann. Solches Wasser mußten sich die Flüchtlinge selbst zu Hause kaufen. Hier bekommen sie es umsonst!

Ich fotografiere begeistert alles, was mit Wasser zu tun hat. Wieder sind es die Kinder, die mich besonders faszinieren. Zum Beispiel ihr ungläubiges Staunen, wenn aus einem eben verlegten Rohr auf einmal Wasser sprudelt. Oder ihr ungekünstelter Jubel, wenn sie selbst an einem Wasserhahn drehen dürfen und es ihnen naß zwischen den kleinen Fingern perlt. Ihre ungebrochene Begeisterung, wenn sie zweimal, ja dreimal Wasserkanister vom THW-Tankwagen kilometerweit zur Mutter ins Zelt oder in die Hütte schleppen.

Wassermänner nennen die Kinder respektvoll die Deutschen vom THW. Ich habe den Eindruck, keine andere Art der internationalen Hilfe wird so dankbar aufgenommen.

Unweit vom Hauptquartier des THW richtet das Deutsche Rote Kreuz gemeinsam mit anderen Rotkreuzorganisationen ein vorbildliches Feldhospital ein. Stumm stehen die Kleinen staunend davor. So etwas haben sie noch nicht gesehen. Werden sie von einem Arzt oder einer Schwester betreut, fühlen sie sich vermutlich so wie bei uns die Kinder nach der ersten Begegnung mit dem Weihnachtsmann.

Die Kinder zieht es zum Hospital zurück, selbst wenn ihnen nichts fehlt. Manchmal betteln sie um Vitamintabletten, weil sie die auf dem Markt günstig verkaufen können. Vitamintabletten gelten als Wunderpillen.

Irgendwann beginnt einer meiner Kollegen in Goma damit, nach Fotoaufnahmen den Kindern zur Belohnung Bonbons zu schenken. Das schafft Probleme für alle, die sich den Kindern mit einer Kamera in der Hand nähern. Von nun an bräuchte man ständig einen Sack mit Süßigkeiten.

Zu der Zeit, als in Goma die Bonbons knapp werden, fotografiere ich bereits im Staatsgefängnis von Ruanda, in der Hauptstadt Kigali gelegen. Ich stecke mitten in einem Haufen schwitzender Männer mit nackten Oberkörpern. Mir ist richtig mulmig zumute. Doch ich merke rasch, daß ich unbesorgt sein kann. Mit ihrem Wohlverhalten mir gegenüber wollen sie zeigen, daß sie sich schon immer wohl verhalten haben.

Vielleicht sind tatsächlich Unschuldige unter ihnen. Von neutralen Beobachtern, wie etwa Diplomaten, wissen wir jedoch, daß die in Ruanda damals herrschenden Hutus den Flugzeugabsturz ihres Präsidenten vor wenigen Monaten zum Anlaß nahmen, über die zweitstärkste Bevölkerungsgruppe, die Tutsis, herzufallen. Sie ermordeten mehr als eine halbe Million von ihnen.

Nach heftigen Kämpfen sind jetzt mit Hilfe aus dem benachbarten Uganda die Tutsis obenauf. Sie erklären, gerecht vorgehen zu wollen, das heißt, die Verantwortlichen vor den Richter zu bringen. Ein Schönheitsfehler hat die Tutsi-Prozedur: Es genügt, daß fünf voneinander unabhängige Personen einen Hutu des Mordes beschuldigen, dann wird er ins Gefängnis gesteckt, und da bleibt er erst mal.

Zu Ehren der Tutsis in Ruanda sei aber gesagt, daß kein anderer afrikanischer Staat ausländischen Beobachtern und Journalisten derart freien Zugang zu seinen Gefängnissen gestattet. Sie sollen sich davon überzeugen, daß die neue Regierung in Ruanda die Menschenrechte wahrt, eine Voraussetzung für Hilfsgelder aus Europa und den USA.

Der Auftakt zum Gefängnisbesuch ist ungewöhnlich. Eine Genehmigung braucht man auch hier. Die zuständige Behörde ist angeblich auch samstags geöffnet. Ob der einsame Soldat auf dem wackligen alten Stuhl mit seinem Gewehr in der Hand nur döst oder ob er schläft, ist schwer auszumachen. Jedenfalls läßt er mich ohne weiteres in das Innere des hohen Gebäudes, bei dem die meisten Fenster der Vorderfront geborsten sind. Es ist das Justizministerium.

Ich taste mich an diesem Samstag Stockwerk für Stockwerk im menschenleeren Bürohaus nach oben vor. An Zimmern vorbei, deren Mobiliar geraubt wurde und die leer oder sehr behelfsmäßig eingerichtet sind. Nirgendwo sehe ich Akten. Im obersten Stockwerk, beim Minister, gibt es eine alte Schreibmaschine. Er bedient sie offensichtlich selbst.

Am Montag sitze ich Minister Nkubito gegenüber. Er rauft sich die Haare und erzählt mir, daß er im gesamten Land inzwischen mehrere Zehntausende Gefangene zu betreuen hat. »Allein hier in Kigali warten schon 6.000 auf einen Prozeß. Wir haben aber in Ruanda, im ganzen Land wohlgemerkt, einen einzigen Staatsanwalt und nur acht Richter.«

Dann kommt die für mich völlig überraschende Frage, die mir zu keiner Zeit je ein Justizminister gestellt hat und die mir vermutlich auch künftig keiner mehr stellen wird: »Sagen Sie mir, was ich unter diesen Umständen mit den Gefangenen machen soll?«

Ich rede mich heraus, ich hätte über eine solche Situation noch nie nachzudenken gehabt.

Ich darf im Staatsgefängnis ohne Einschränkung fotografieren. Ich kann auch Interviews machen, wenn ich will. Allerdings warnt er mich eindringlich vor den sehr schwierigen Verhältnissen dort. Auf die bereitet mich dann der Gefängnisdirektor noch drastischer vor. »Das Gefängnis wurde für 1.700 Insassen gebaut. Jetzt haben wir schon mehr als 6.000 im Bau«, erfahre ich. »Selbst der Fußboden reicht nicht aus, wenn sich alle auf einmal hinlegen wollen. Sie müssen deshalb in Schichten schlafen. Und wenn es regnet, haben viele kein Dach über dem Kopf.«

Mein Herz klopft laut, als mir ein Wärter die Gemeinschaftszellen aufschließt. Für eine Weile begleitet mich der Direktor. Dann ergreift er vor dem bestialischen Gestank die Flucht. Niemand bedroht mich. Einige scherzen auf englisch oder französisch: »Ein bißchen eng bei uns, nicht wahr?«

Keiner protestiert dagegen, daß ich Fotos mache. Einige stellen sich sogar in Pose. Sie sehen nicht im geringsten wie Mörder oder Frauenschänder aus. Sind es Schreibtischtäter? Es gehe vor allem um die Anstifter und Hintermänner, hatte mir der Minister gesagt.

Bei den Frauen fällt es mir noch schwerer, mögliche Massenmörderinnen auszumachen. Besonders, wenn sie umgeben von kleinen Kindern, um die sie sich kümmern müssen, den Anschein absoluter Harmlosigkeit gewinnen.

Eine gutgekleidete Frau mittleren Alters zeigt mir Papiere, die dokumentieren, daß sie unter den Hutus als Richterin bei der Justiz in Kigali tätig war. Sie klagt, viele der Inhaftierten hätten im Bürgerkrieg ihre Männer verloren. Ihre komfortablen Häuser wollen nun nach Ruanda zurückgekehrte Tutsis übernehmen. Sträuben sich die Hutu-Frauen dagegen, wird ihnen die Teilnahme an Massakern zur Last gelegt. So auch in ihrem Fall.

Sie ist schon drei Monate hier, erzählt sie, man erlaube ihr nicht, mit einem Anwalt zu sprechen. Ich versuche Mitarbeiter der deutschen Botschaft in Kigali für diesen Fall zu interessieren. Die winken ab, sie kennen solche Begebenheiten. Ihrer Meinung nach wird sich die Situation allmählich von allein bessern.

Falls ich in Kigali Sehnsucht nach Hause verspüre, kann ich mich in ein Häuschen, inmitten eines schmucken Parks, an einer

Hauptstraße zurückziehen. Im sogenannten Koordinationsbüro der Partnerschaft Rheinland-Pfalz–Ruanda liegen sogar Mainzer Zeitungen aus.

Schwarz zu schwarz gesellt sich gern, wurde am Rhein gelästert, als der CDU-Ministerpräsident 1982, einer Anregung des Bonner Auswärtigen Amts folgend, enge Beziehungen zu einem der kleinsten und ärmsten Staaten Zentralafrikas herstellte. Die CDU ging, die Sozialdemokraten machten weiter. Weltoffenheit sollte nicht nur als Schlagwort betrachtet werden, und außerdem ermöglichen Beziehungen von Schule zu Schule, von Gemeinde zu Gemeinde eine ganz andere Art von nützlicher Entwicklungshilfe.

Auf dem Hintergrund der Partnerschaft Rheinland-Pfalz–Ruanda habe ich selber innerhalb weniger Jahre mehr als ein dutzendmal versucht, mit Bildern aus dem Alltag Ruandas dazu beizutragen, daß die Situation der Menschen dort begreifbarer wird.

Auch als die neue Regierung der Tutsis 20 Panzer kaufte, um ihre Armee zu modernisieren, kam es mir nicht in den Sinn, um Erlaubnis für Aufnahmen von der Armee nachzusuchen.

Ich glaube ohnehin, die Straßenkinder tragen zum Verständnis des Landes mehr bei als seine Soldaten. Abgesehen davon hat man sich inzwischen an Fotos, die Männer neben Panzern zeigen, satt gesehen.

Eine Aufnahme von Anton Barz auf einem Kartoffelacker in Matura, während er einen Totenschädel in der Hand hält, ist wesentlich interessanter. Barz, Erster Polizeihauptkommissar und Leiter der Schutzpolizei Adenau in Altenahr, versucht mit acht Kollegen aus Rheinland-Pfalz bei der neuen Gendarmerie in Ruanda den Sinn dafür zu wecken, daß Polizeiarbeit gleichbedeutend ist mit mühevoller Kleinarbeit. Die deutschen Polizisten tragen ein halbes Jahr das blaue Barett der Vereinten Nationen zu ihrer schmucken grünen Uniform. Barz wurde von der

Bundesrepublik bei der UNO als Major angemeldet. Das erleichtert ihm die Arbeit, weil er mit diesem Dienstrang selbständig entscheiden kann. Seine Kollegen wurden weit unter ihrem Wert angesiedelt. Strenggenommen müßten sie jetzt sechs Monate vor Polizisten aus afrikanischen Entwicklungsländern strammstehen.

Der Totenschädel, von dem Major Barz mit Gartenhandschuhen aus einem pfälzischen Supermarkt die Erde abstreift, ist nicht nur ein Symbol für die damit verbundene Detektivarbeit. Er erzählt mir, daß von 15 gemeldeten Verhaftungen innerhalb eines Monats im Bereich seiner Präfektur zehn der Festgenommenen kurz darauf tot aufgefunden wurden.

Er hat den Ruandern klargemacht, daß das so nicht weitergehen darf. Wenn sie die Mahnungen nicht beherzigen, gibt es keine Entwicklungshilfe mehr.

In Gegenwart der deutschen Polizisten hindern mich die einheimischen Gendarmen nicht am Fotografieren. Es kommt ihnen allerdings merkwürdig vor, daß ein Journalist, noch dazu eine Frau, amtlichen Ermittlungen mit der Kamera folgen darf, ohne sich vorher mit ihnen über den Preis dafür zu verständigen.

Gegen eine Mauer renne ich dann dort, wo auch die deutschen Polizisten nicht weiterkommen. Zum Beispiel bin ich mir sicher, daß in der Bundesrepublik der Fall des Direktors des Elektrizitätswerkes von Gisenyi Aufsehen erregen könnte. Er widerspricht nämlich allem, was wir im neuen Ruanda für selbstverständlich halten.

Celestine Bigilimana, ein Hutu, wird verhaftet, nachdem er angeordnet hat, den spärlichen elektrischen Strom ausschließlich an Kunden zu liefern, die dafür auch bezahlen. Ich versuche vergeblich, den Namen des verantwortlichen ruandischen Gendarmerieoffiziers zu erfahren.

Es stellt sich heraus, daß man nicht einmal Major Barz sagt, wer für diesen Fall verantwortlich ist. Als Haftgrund, nur mündlich vorgetragen und nicht schriftlich formuliert, wird ausschließlich Teilnahme am Völkermord genannt.

Ein Beispiel dafür, daß bei der Berichterstattung aus Krisengebieten nicht nur die Gefahr für Leib und Leben oft die Arbeit behindert.

Ich weiß nicht, wie viele Monate der Direktor des Elektrizitätswerkes die Vereinten Nationen, die europäischen Regierungen und die Organisationen zum Schutz der Menschenrechte beschäftigt hat. Irgendwann hat Ruanda sicherlich nachgegeben. Nur so lange konnte ich leider nicht warten.

Außer mit Gendarmen, die gleichermaßen Polizei, Staatsanwalt, Richter und Vollstrecker sein wollen, tue ich mich noch mit einer anderen Gruppe von neuen Staatsbeamten schwer. Diese meinen, daß möglichst viele Aufnahmen von Leichen dem Image des von Tutsis regierten Ruanda dienlich sind. Das Klima kommt ihnen in einem Teil Ruandas zu Hilfe, dort, wo Ruanda an Uganda grenzt. Es regnet da nicht unentwegt wie auf den Vulkanhügeln, und es ist die meiste Zeit des Jahres sehr heiß. An vielen Schauplätzen der Massenmorde von Hutus an Tutsis bleiben die Leichenberge liegen. Die Leichen faulen und stinken nicht. Sie mumifizieren. An jenen Orten gleicht Ruanda einem großen, öffentlichen Leichenschauhaus, mit Mumien in Posen wie inszeniert.

Wenn ich gewußt hätte, was mich im Kloster Nyarabuye erwartet, wäre ich bestimmt nicht über Stock und Stein dorthin gefahren. Es war eine Reise, zu der mich das Informationsministerium ermuntert hat, mit der Aussicht, danach den neuen Verteidigungsminister, den starken Mann Ruandas, fotografieren zu dürfen.

Etwa 3.000 Tutsis, Frauen, Männer, Kinder aller Altersgruppen, waren vor den bewaffneten Hutus ins Kloster geflüchtet.

Vielleicht in dem Glauben, da die Hutus auch katholisch sind, daß sie den gleichen Gott achten und das Gebot »Du sollst nicht töten« befolgen.

Die Tutsis werden erschlagen, erschossen, erstochen, wo immer die Hutus sie im Kloster antreffen. Diese scheinen einem Blutrausch erlegen zu sein. Leichen knien in den Holzbänken vor dem Altar, das Gebetbuch noch in der Hand.

Irgendwann wird hoffentlich jener Bischof Rede und Antwort stehen müssen, dessen Gläubige für dieses Schlachten verantwortlich sind. An den Mumien auf den Stufen zur Kirche kann ich ablesen, wie es gewesen sein muß, als die verzweifelten Opfer um ihr Leben baten. Nirgendwo gibt es Anzeichen, daß es zu einem Kampf gekommen ist. Frauen, Kinder, wie sollen sie sich gegen Soldaten wehren? Die Todesposen der Mumien zeigen, sie versuchten zu fliehen und wurden von hinten niedergestreckt.

Leichen, wohin man schaut. Im Gras auf dem Platz vor der Kirche, zwischen Blumen im Klostergraben, als ob man vergessen hätte, sie zu beerdigen, auch in den Kammern der Mönche und in den Wandelgängen.

Mein Begleiter aus der Hauptstadt erklärt mir, man wolle diesen Schauplatz der Morde unangetastet lassen. Eine neue Art von Freilichtmuseum hat sich da anscheinend jemand einfallen lassen, der vielleicht in Europa Erinnerungsstätten von Kriegsgreueln gesehen hat. Den Regierenden in Kigali ist aber offensichtlich bewußt, daß es auch in Nyarabuye ab und zu regnet.

Was mich die Leichen allmählich vergessen läßt, sind die Straßenkinder, von einem unbändigen Lebenswillen angetriebene elternlose Kinder, wie Pierre und Jerome, die sich in der Nähe des Marktes von Kigali aufhalten. Es stört sie nicht, daß ich mit der Kamera hautnah festhalte, wie sie mit flinken Fingern noch warme Holzkohle für irgendeinen Händler in kleine und große Stücke sortieren. So eifrig, als ob es einen Preis dafür zu gewinnen gelte. Tatsächlich erhalten sie umgerechnet höchstens 20 Pfennig pro Tag. Oder statt dessen ein wenig Haschisch, das sie wie Süßigkeiten kauen.

Ihre Gesichter, der Hals, die Hände, die schwachen Arme und die dünnen Beine sind rußverschmiert. Ihr Haar ist mit Dreck verkrustet. Es ist nicht abzusehen, wann sie sich wieder einmal waschen werden. Die kurzen Hosen, die zerschlissenen Hemden stammen aus irgendeiner Abfalltonne. Sie amüsieren sich über mich, geben mir zu verstehen, ich könnte mich getrost zu ihnen kauern und mit sortieren. Pierre und Jerome mögen etwa fünf oder sechs Jahre alt sein. Sie betteln mich nicht um Geld an, statt dessen fragen sie nach einer Zigarette. Als ich ihnen antworte, daß ich nicht rauche, geben sie sich ohne weiteres damit zufrieden.

Zehntausende von Kindern haben beim Morden in Ruanda nicht nur beide Eltern verloren, sondern stehen auf einmal ganz ohne Familie da. Sie gesellen sich zu Tausenden von anderen, die schon Waisen sind oder kein festes Zuhause haben.

Es ist ein erschreckendes soziales Phänomen in armen Ländern, daß dort Eltern ihre Kinder einfach verstoßen, wenn ihnen das nötige Geld fehlt, um sie durchzubringen. Auf der Straße tun sich die entwurzelten Kinder und Halbwüchsigen in kleinen Gruppen zusammen und organisieren so ihr Überleben. In der Regel sind es Knaben. Mädchen werden von der Gesellschaft bereits als Kleinkinder zu kostenloser Arbeit mißbraucht. Ihnen ergeht es in den fremden Familien oft schlechter als den Jungen auf der Straße.

Betteln und Stehlen gehört zu deren Alltag ebenso wie Gelegenheitsarbeit. Ich bin immer wieder überrascht, wo sie überall einen Winkel zum Schlafen finden. Begehrte Schlafplätze sind Abwasserrohre. In Rohbauten oder Bauruinen schaffen sie sich mit Wellpappe und Fetzen von Plastikfolie eine Bleibe, die ebenso schnell eingerichtet wie wieder aufgegeben werden kann. Müllhalden sind für Übernachtungen ebenfalls beliebt.

Sobald die Kinder spüren, daß ich sie nicht verachte, weil sie zerlumpt und schmutzig sind, darf ich mich mit der Kamera unter ihnen bewegen, als gehörte ich zu ihnen. Nicht nur beim Autowaschen oder beim Lastentransportieren darf ich sie dann aufnehmen. Ihnen macht es sogar nichts aus, wenn ich fotografiere, wie sie neben grunzenden Schweinen im Abfall nach etwas Eßbarem wühlen.

»Himmeldonnerwetter noch einmal! Ihr wollt wohl wieder afrikanische Verhältnisse einführen! Selber faulenzen, und die Arbeit den Frauen überlassen! Das ist vorbei, merkt euch das!« Es kann nicht ausbleiben, daß ich innerhalb der Partnerschaft von Rheinland-Pfalz mit Ruanda nicht nur Schöntuerei, sondern auch einer solchen derben Schelte begegne. Sie kommt von Erika von Loh, Mitte 50, Sekretärin des Bürgermeisters von Rengsdorf im Westerwald und stellvertretend für ihn beim Bürgermeister der Großgemeinde von Rutsiro, im Nordwesten von Ruanda, zu Gast.

Erika thront gerade auf einem hölzernen Podest in einer Lehmbaracke vor einer erwartungsvollen Zuhörerschaft. Auf der einen Seite sitzen die Männer des Dorfes, auf der anderen Seite die Frauen. Üblicherweise findet hier der Schulunterricht statt. Dolmetscher ist ein Ruander, der bei der Deutschen Welle in der Bundesrepublik Deutsch gelernt hat.

Die resolute Dame aus Rengsdorf hat hier vor Jahren die seinerzeit 70. kommunale Partnerschaft zwischen einer Gemeinde aus Rheinland-Pfalz und einer Gemeinde aus Ruanda aus der Taufe gehoben. Denen helfen, die sich selbst nicht helfen können, davon hat sie ihr Leben lang geträumt. Vielleicht ist sie deshalb bei den Ärmsten der Armen in Zentralafrika so erfolgreich.

In Ruanda gibt es keine Eisenbahn. So malerisch die Kuppen und Täler auf Postkarten anzusehen sind, so problematisch sind sie für die Straßenbauer. Für gut ausgebaute Straßen bräuchte es viele Brücken. Und die kann niemand bezahlen. Reisen in entlegene Gegenden sind deshalb problematisch. Die meisten Straßen, auf denen man in überfüllten Mini-Omnibussen durchgeschüttelt wird, würden bei uns als Feldwege gelten. Mietwagen und Taxen sind sehr, sehr teuer.

Über das Reisen in Ruanda hat sich Erika von Loh von Anfang an keine Illusionen gemacht. Von einer kleinen Pension im Dschungel, vielleicht sogar von einem winzigen afrikanischen Hotel mit prachtvoller Sonnenterrasse hat sie schon eher geträumt.

Mit ihr teile ich mir in Rutsiro eine Luxusunterkunft, eine Kammer im Lehmhäuschen des Bürgermeisters, für uns allein. Auf dem blanken Lehmboden liegen Matratzen, die deutsche Müllmänner vermutlich nur mit Gummihandschuhen entsorgen würden. Manchmal wünsche ich mir, die Industrie könnte Geruchsfilme herstellen. Damit man auch riechen kann, was die Fotos zeigen.

Erika von Loh war schon so oft in Rutsiro, daß sie solche Kleinigkeiten nicht mehr schrecken können. Allerdings ist dies ihre erste Visite nach dem Ende des Bürgerkriegs.

An ihrem Beispiel möchte ich zeigen, was sinnlose blutige Auseinandersetzungen in einem Entwicklungsland für den Alltag der kleinen Leute bedeuten. Denn die Sekretärin aus Rengsdorf war bis zum großen Morden in Ruanda dank ihres persönlichen Engagements selbst mit bescheidenen Mitteln überaus erfolgreich.

Afrika hinkt nicht nur wirtschaftlich hinterher, erfährt sie gleich bei ihrem ersten Besuch. In Ruanda werden Frauen von den Männern regelrecht geknechtet. Und da eine deutsche Gemeinde bei der Partnerschaft mit einem Dorf in Ruanda auf offizielle Politik keine Rücksicht nehmen muß, läuft Erika von Loh sofort dagegen Sturm. Das Gesetz, das Frauen Grundbesitz verbietet und sie von der Erbfolge innerhalb einer Familie ausschließt, wird sie nicht ändern können. Doch sie will den Frauen zu mehr Selbstbewußtsein verhelfen.

Mit bescheidenen Spenden aus Deutschland kauft sie in Ruanda billige chinesische Nähmaschinen. In Rutsiro richtet sie ein Nähzentrum ein und zeigt den Frauen, wie man nach Schnittmustern Kleider und Schuluniformen näht. Den Stoff besorgt sie in Kigali. Schon beim ersten Aufenthalt in Rutsiro legt sie mit deutscher Gründlichkeit Listen an. In Rengsdorf füllt sie dann nach und nach sieben Container für die Partnergemeinde. Darin finden sich nicht nur die üblichen gebrauchten Schuhe und gebrauchten Kleider, sondern Sachen, an die zunächst niemand denkt. Bettwäsche für Kranke zum Beispiel, gebrauchte Schreibmaschinen für die Gemeindeverwaltung, Schulhefte, Schreibpapier, Fußbälle und einfachstes Spielzeug für die Kinder.

Mit ein paar 1.000 DM Spenden aus Rengsdorf spielt Erika von Loh dann eine wohlüberlegte Trumpfkarte aus. Sie gründet einen Verschönerungsverein, in dem die Frauen die gleichen Rechte wie die Männer haben. »Wer Geld für Bier ausgibt, kann auch einen Vereinsbeitrag zahlen«, lautet ihr Argument gegenüber den widerstrebenden Bauern.

Die Vereinsmitglieder sollen unentgeltlich Wege ausbessern, Brunnen fassen und Wasserleitungen bauen. Zunächst mit dem Startkapital, dann mit den Mitgliedsbeiträgen wird das Material finanziert. Die Rengsdorferin kocht mit den Frauen am offenen Feuer und zeigt ihnen, wie sie sparsamer mit dem knappen Holz umgehen können. Ihre Entwicklungshilfe floriert. Zu Hause rechnet sie penibel ab, was dafür ausgegeben wird. Nähzentrum und Schreinerwerkstatt kosten 3.500 DM, 5.000 DM schluckt am Anfang der Verschönerungsverein, die Renovierung einer Krankenstation ist darin enthalten. Die nimmermüde Erika kauft außerdem in Ruanda handgefertigte, billige Souvenirs ein, für die sie beim Verkauf in Rengsdorf für Rutsiro ein Mehrfaches verlangt.

Nach dem großen Morden, das sie überhaupt nicht versteht, will sie eigentlich nie mehr nach Ruanda reisen. Jetzt hat sie es doch getan. Wie erwartet gibt es kein Nähzentrum mehr. Die 20 Nähmaschinen wurden von einer blindwütigen Soldateska zerstört, die Werkzeuge sinnlos kaputtgeschlagen. Nicht genug damit, muß jetzt auch das Gemeindezentrum, das früher einmal die Regierung finanziert hatte und das dann vom Militär dieser Regierung niedergewalzt wurde, wieder aufgebaut werden.

Der alte Bürgermeister ist geflüchtet. Niemand weiß, warum. Die fast 3.000 Hutus aus der weitverzweigten Gemeinde hat er mitgenommen. Vor der Versammlung in der Schule warnt Erika von Loh auch alle, die es nicht hören wollen: »Ihr müßt euch darüber im klaren sein. Helft ihr euch nicht selbst, gibt es keine Entwicklungshilfe mehr.«

Die Dame auf dem Podest mit ihrem barschen Appell an die Männer ist nicht mehr so großzügig, wie sie es früher einmal war. Sie wedelt zwar mit einem Bündel Banknoten, damit alle es sehen können. Doch sie warnt zugleich: »Für die Gründung des neuen Verschönerungsvereins gibt es nur 300 DM. Damit müßt ihr auskommen.« Sie weiß, manche Männer haben Arbeitsmaterial vom Bauplatz mit nach Hause genommen.

Der neue Bürgermeister steht ihr bei. Er bedeutet den Männern, daß sie sich wieder in die Vereinsliste eintragen sollen. Die drehen eine Weile ihre schmutzigen Filzhüte in den ebenso schmutzigen Fingern und schielen dabei auf die Frauen. Dann stellen sie sich in ihren löchrigen Nadelstreifenanzügen, die irgendwann mal bessere Zeiten gesehen haben, zum Unterschreiben an. Aufnahmen von solchen Szenen finde ich genauso aufregend wie Aufnahmen von Kindersoldaten in Ruanda. Leider bin ich mit dieser Meinung ziemlich allein.

Es ist gar nicht einfach, Kindersoldaten in Ruanda zu finden. Für die Straßenkinder sind Gewehre zwar faszinierend, aber es ist nicht einfach, sich ein Gewehr zu besorgen. Im Bürgerkrieg wurde nicht mit Gewehren getötet, sondern vor allem mit Macheten. Neuerdings begeistert die Kinder ein Spielzeug, das weniger gefährlich ist und das den Weg von Europa nach Afrika erstaunlich schnell findet: das Handy.

Tutsi-Familien, die aus Ruanda in die Nachbarstaaten geflüchtet waren, sind dort dank ihres Fleißes häufig zu bescheidenem Wohlstand gelangt. Jetzt kommen sie zwar nicht immer mit einem Pkw nach Hause, auf alle Fälle aber mit einem Handy.

In der Hauptstadt Ruandas ist das Handy inzwischen ein Statussymbol. Auch Hutus zeigen damit: Wir sind immer noch wer.

Die neue Regierung hat es mit einem meisterlichen Schachzug geschafft, mehr als eine Million Hutu-Flüchtlinge aus Lagern in Zaire und Tansania ohne Aufruhr zurückzuholen. Außerdem glückt den Afrikanern in Ruanda, was die Europäer auf dem Balkan nicht schaffen. Im großen und ganzen leben Hutus und Tutsis nach den fürchterlichen Massenmorden wieder friedlich nebeneinander. Die Gefängnisse sind freilich immer noch überfüllt. Bei der Justiz räumt man ein, daß eine Erfolgsquote von 300 Prozessen in den ersten sechs Jahren seit dem Bürgerkrieg bei etwa 100.000 Gefängnisinsassen nicht gerade ein Ruhmesblatt ist.

Die Justiz hat eine Rangordnung unter den Gefangenen als Ausweg aus der Misere eingeführt. Um Beschuldigte verhaften zu können, denen man neuerdings besonders schwere Verbrechen anlastet, werden Frauen und Männer nach Hause geschickt, deren Aufenthalt im Gefängnis bis zu einem Prozeß sich angeblich nicht lohne. Die Gefangenen werden über die Jahre hinweg in der Landwirtschaft als billige Arbeitskräfte eingesetzt.

Zwar kann ich immer noch nicht wie ein Gorilla rülpsen. Aber ich versuche trotzdem, im neuen Jahrtausend Zeit für einen ausgiebigen Ausflug zum Vulkan Karisimbi zu finden. Ich habe vor, eine Touristengruppe zu porträtieren, bei der jeder für einen einstündigen Besuch bei einer Gorillafamilie 500 US-Dollar zahlt. Mein Pech jedoch, daß auf absehbare Zeit die Gorillas nicht mitspielen.

Als die amerikanische Forscherin Dian Fossey aus dem damaligen Kongo ausgewiesen wurde, frohlockte sie: »Wie gut, daß Gorillas keine Grenzen kennen.« Der Nationalpark, in dem die wenigen noch verbliebenen Menschenaffen heimisch sind, umfaßt das Gebiet mehrerer erloschener wie auch noch tätiger Vulkane in Uganda, im heutigen Zaire und in Ruanda.

Ruanda ist ein kleines, übervölkertes Land. Selbst im Nationalpark gibt die Regierung den Bauern die Möglichkeit, Pflanzen anzubauen, die für die Herstellung bestimmter Medikamente notwendig sind. Vor allem dürfen sie Pyrethrum anbauen, einen Rohstoff für Insektenvernichtungsmittel. Zusammen mit Tee und Kaffee ist das Ruandas kostbarster Export.

Die Landwirtschaft stört die Menschenaffen. Mag sein, daß das auch auf bewaffnete Banden zutrifft, die noch immer den Nationalpark auf der Seite Ruandas durchstreifen. Jedenfalls muß man sich damit abfinden, daß es zunächst einmal Berggorillas nur in Uganda und Zaire gibt. Da gefällt es ihnen zur Zeit besser. Sie halten ja nichts von Politik.

Der gefährlichste Platz der Welt
Auf einem amerikanischen Flugzeugträger

Bis zum letzten Augenblick kommt es mir unwirklich vor. Unter mir, anzusehen wie ein skurriles Ungetüm, das aus unermeßlicher Tiefe aufgetaucht ist und sich jetzt in der Sonne räkelt, pflügt der Flugzeugträger USS John Stennis durch das blaue Meer. Fast 100.000 Tonnen groß, mit 6.000 Mann Besatzung, angetrieben von zwei Atomreaktoren, die dem Riesenschiff 15 Jahre ununterbrochene Fahrt gewähren. Ausgestattet außerdem mit mehr als 80 Überschalljets, die jedes vorgegebene Ziel mit Superbomben und ferngesteuerten Raketen innerhalb kurzer Zeit in Schutt und Asche legen können. Eine Kriegsmaschine, die jedes Vorstellungsvermögen übersteigt.

Nur für mich ist ein Hubschrauber gestartet, damit ich dieses Wunderwerk an militärischer Technik mit einer schäumenden weißen Bugwelle davor aufnehmen kann.

»No problem«, antwortete lächelnd Captain Douglas B. Roulstone, als ich ihm schüchtern meine Bitte vortrug, nachdem er mich nach meinen Wünschen befragt hatte. Eigentlich wollte ich sein Schiff nur aus der Bewegung heraus aufnehmen, das erschien mir besonders attraktiv für die Kamera. Nun gleich das, so großzügig geben sich nur die Amerikaner gegenüber Journalisten.

Es ist nicht zu fassen, die Stennis zieht tatsächlich eine Schleife. Das mächtige Schiff geht von seinem geraden Kurs ab. Dabei erhöht es auch noch die Geschwindigkeit. Glitzernder Gischt strahlt am Bug. Wasser schäumt sogar am Kiel. Der Hubschrauber muß was von Fotografie verstehen, so perfekt paßt er sich dieser Bildvorgabe an. Ich nutze sie im ersten Augenblick nicht gerade optimal.

Zwar hänge ich an breiten Gurten, die im Helikopter extra so befestigt sind, als gelte es für einen zusätzlichen Schutz zu sorgen, falls einmal alle Stricke reißen. Aber die offene Tür vor mir führt eben doch nur direkt in den Himmel oder tief hinunter in den Ozean.

Um mir meinen Job zu erleichtern, stellt der Pilot die Maschine auch noch schräg. Er kippt sie bequem. Der Copilot bemerkt mein Zaudern. Über den Rotorenlärm hinweg schreit er mir ins Ohr: »Zum ersten Mal?«

Die Antwort wartet er gar nicht erst ab. Er legt gleich nach: »Das geht allen so.« Ich bemühe mich, mich tapfer weiter vorzubeugen. Dem Copiloten blinzele ich dabei zu. Er reckt den Daumen und nickt zufrieden. Mit eindrucksvollen Luftaufnahmen vom Flugzeugträger wird schließlich mein Einsatz belohnt.

Wer dies auch mal erleben will, dem sei gesagt, daß es dazu keiner besonderen Beziehungen bedarf. Er sollte jedoch als seriös gelten. Mittlerweile kreuzen zwölf Flugzeugträger unter amerikanischer Flagge auf den Weltmeeren, die alle auf Besucher eingerichtet sind. In den USA wird trotz negativer Erfahrungen die Selbstdarstellung des Militärs als etwas sehr Wichtiges, ja Unverzichtbares betrachtet. Vielleicht, weil Public Relations schließlich eine amerikanische Erfindung sind.

Mir kommt zugute, daß in Deutschland bis dahin noch keine Frauenzeitschrift über ein Thema berichtet hat, das längst überfällig ist, und zwar über weibliche Soldaten auf amerikanischen Flugzeugträgern.

Das Thema ist in doppelter Hinsicht reizvoll. Zum einen fasziniert die Technik. Zum anderen erscheint spannend, wie Frauen sich dort zurechtfinden und wie das alltägliche Nebeneinander von weiblichen und männlichen Soldaten an Bord eines Schiffes funktioniert.

Ich schließe mich mit der schreibenden Kollegin Monika

Schiffer kurz. In der Regel werden Bildreportagen stets von zwei Kollegen realisiert. Einer recherchiert und schreibt, der andere fotografiert. Die beiden sollten sich verstehen und sich vor allem vorher einig sein, wie sie das Thema interpretieren wollen. Nur dann können sie es einer Zeitschrift überzeugend anbieten.

Auch bei den Amerikanern gibt es, was wir den Dienstweg nennen. Zunächst muß man einen förmlichen Antrag bei einer Pressestelle einreichen. Darin müssen wir ausführlich unsere Absichten schildern. Und dann heißt es warten, bis man schon glaubt, daraus wird nichts mehr.

Dann sitzen wir in Bahrain, im Persischen Golf, in einer zweimotorigen Propellermaschine. Wir sind festgegurtet bis zum Geht-nicht-mehr und tragen Helme wie Düsenjetpiloten. Auf einmal stoppt die Maschine von 300 Stundenkilometern auf null in einer Sekunde. So muß das sein, wenn Schumacher mit seinem Ferrari plötzlich vom Kurs abkommt und gegen Strohballen oder Gummireifen prallt. Allerdings schien es mir auf dem Deck des Flugzeugträgers nicht so sanft wie bei der Formel 1 zuzugehen. Die landenden Maschinen werden, um nicht ins Meer zu stürzen, abrupt von einem Seil aufgefangen. Erst rumst es beim Aufsetzen, als schlägt jemand mit einem wuchtigen Hammer gegen den Boden des Flugzeugs, dann packt mich eine Faust im Nacken, quetscht mich in den Sitz und schüttelt mich unbarmherzig.

All das passiert rasend schnell. Die breiten Gurte halten einen fest. Ohnehin sitze ich vorschriftsmäßig nach vorn geneigt, halte die Hände über der Brust verschränkt. Monika Schiffer, die neben mir sitzt, meint später, sie habe sich wie ein Dummy beim Crashtest gefühlt. Die ungewöhnliche Landung ist jedoch der passende Auftakt für das Inferno, das mich an der offenen Tür des Flugzeugs erwartet.

Ich erinnere mich. Beim Briefing in Bahrain hat der Presseoffizier geduldig erklärt, warum auf dem Deck des Flugzeugträgers nur Soldaten mit dicken Ohrenschützern zu sehen sind. Einmal, weil man sich untereinander nur über eingebaute Elektronik in den Ohrenklappen verständigen kann. Vor allem aber, weil bei Flugbetrieb ansonsten niemand diesen Höllenlärm ohne Schaden am Trommelfell überstehen kann.

Auf den neuen Flugzeugträgern der US-Navy können Flugzeuge gleichzeitig starten und landen. Dazu haben die Ingenieure zwei schräg geschnittene stählerne Decks nebeneinander auf den Schiffsrumpf gesetzt. Sie befinden sich 30 Meter über dem Meer und sind 300 Meter lang und 100 Meter breit. Eine Maschine muß beim Starten nicht warten, bis die andere gelandet ist. Bei vollem Flugbetrieb werden jeweils zwei Düsenmaschinen mit Katapulten von einem Deck in die Luft geschleudert. Zwei andere Maschinen werden auf dem Nebendeck mit Seilen wieder aufgefangen. Riesige Aufzüge holen Bomber vom Parkplatz aus dem Bauch des Schiffes, denn nicht alle Flugzeuge können an Deck parken. Andere Maschinen gleiten scheinbar mühelos mit Aufzügen wieder in den Schiffsbauch.

Wie Gnome huschen behelmte Soldaten mit furchterregenden Brillen und Schutzanzügen hin und her. Sie bugsieren spielerisch Bomben und Raketen, als würden sie die Koffer von Passagieren verladen.

Den Superlärm, der bei allem entsteht, hat wohl noch niemand gemessen. Für mich klingt das Heulen, Dröhnen, Donnern, Krachen und schrille Quietschen wie eine infernalische Symphonie, untermalt vom klirrenden Kettenrasseln, das zum Katapultstart gehört.

Dazu paßt die dumpfe Explosion, mit der der Düsenpilot den sogenannten Nachbrenner löst. Dann schießt ein zusätzlicher Feuerstrahl aus dem Triebwerk, ein Zeichen erhöhter Geschwindigkeit. »Dies ist der gefährlichste Platz auf der Welt«, lautet die

Warnung, mit der mich Chief Narda Looney bereits auf der Leiter zum Deck empfängt: »Bitte allen Anweisungen strikt folgen.«

Ich muß die Worte von ihren Lippen ablesen. Narda, um die 40, ist Offizier der Marine, sie wird, wie wir seit Bahrain wissen, auf der Stennis unsere ständige Begleiterin sein. Wie ein rohes Ei bugsiert sie mich durch scheinbares Chaos, um mich dann in eine Luke zu ziehen. Mein Gott, hier gibt es tolle Fotos, kann ich gerade noch registrieren. Hier gilt kein »No pictures«, man läßt mich unbehindert fotografieren. Ausgenommen alles, was mit Atom zu tun hat, das bleibt für die Kamera tabu. Dabei, das muß man zugeben, würden auch nur Fotos entstehen, die allein für Experten der Geheimdienste aufschlußreich wären. Ein Laie würde mit Bildern von Bomben und Reaktoren nicht viel anzufangen wissen.

Ansonsten, so stellt sich schnell heraus, hat sich das lange Warten auf die Genehmigung gelohnt. Unser Besuch auf dem Flugzeugträger wurde über eine lange Befehlskette sorgfältig vorbereitet. »You are welcome«, heißt es überall.

Drei Tage und drei Nächte sind wir an Bord. Jeweils 24 Stunden werden mit Narda und gegebenenfalls anderen Offizieren vorbesprochen. Das Ergebnis dieser Planung wird uns eine Stunde später mit genauem Zeitablauf als Gedächtnisstütze säuberlich ausgedruckt. Zugleich geht das Tagesprogramm an alle Stellen, wo als nächstes Monika ihre Interviews und ich meine Aufnahmen machen werden. Unter dem fettgedruckten Datum wird zum Beispiel vorgegeben: »6.30 h, ABHC Looney holt Monika und Ursula zu den Aufnahmen von 50 cal ab.« Ich finde es angenehm, daß nicht von Mrs. Meissner und Mrs. Schiffer die Rede ist. Die Anrede mit Vornamen gehört bei den Amerikanern einfach dazu, wenn man als ihresgleichen betrachtet wird. Die vielen Abkürzungen vermag ich kaum zu deuten. Wahrscheinlich beziehen sie sich auf den Dienstgrad unserer jeweiligen Begleiterin.

Monika und ich wohnen in der schwimmenden Stadt nahe beieinander. Das ist auch gut so. Denn sonst würde sehr viel Zeit vergehen, bis wir uns für die Reportage irgendwo treffen. Die halbe Stunde, die stets für den Hinweg zu einem Termin eingeplant ist, kommt uns knapp bemessen vor. Die Entfernungen sind groß. Die Besatzung eines Flugzeugträgers würde am liebsten Skateroller fahren. Aber leider geht das nicht wegen der vielen Treppen und weil der Boden häufig mit Stahlgittern ausgelegt ist.

»7.00 h – 50 cal photo op on fantail (all).« Das meint, Narda, Monika und ich werden zu diesem Zeitpunkt etwa gemeinsam bei der erst 20 Jahre alten Amerikanerin am hinteren Ende des Flugzeugträgers angekommen sein, die uns dort in Position hinter einem neuen, besonders schnellen Maschinengewehr erwartet. Im Ernstfall wird Rosalyn damit auf feindliche Tiefflieger und auf Cruise-Missiles schießen.

Rosalyn stammt aus South Carolina. Sie ist verheiratet und hat bereits zwei Kinder. Ungeniert plaudert sie mit uns, um unsere Begleiterin kümmert sie sich dabei nicht. In South Carolina fehle ihr die gesellschaftliche Anerkennung. Es sei schwer, dort einen Job zu bekommen. Von ihrem Wehrsold unterhält sie die Familie. »Ich fühle mich sehr wohl auf dem Schiff«, meint sie. »Und ich bin froh, meinem Land zu dienen.« Das klingt ehrlich.

Immer wieder hören wir auf der Stennis, wie stolz die Frauen an Bord auf »ihren« Flugzeugträger sind. Sie sind gefesselt, ja fasziniert, wie die Männer, von dem, was sie manchmal Raumschifftechnik nennen. Für sie verkörpert es das große Amerika, auf das sie nichts kommen lassen.

Rosalyn ist mit ihrer hypermodernen Waffe beschäftigt. Ich darf sie dabei nach Herzenslust fotografieren. Bei Rosalyn läuft die Zeit bereits um acht Uhr ab. Dann steht »Breakfast (all)« auf dem Programm.

Die 180 Frauen an Bord sitzen von ihren männlichen Kollegen getrennt. Die Navy will Flirts oder gar Liebesbeziehungen schon möglichst im Keim ersticken. Gefühle passen nicht zum soldatischen Dienst, so die Begründung.

Das Frühstück ist üppig amerikanisch. 2.500 Eier werden täglich in der Küche der Stennis aufgeschlagen. Man muß schon in Restaurants großer Hotels gehen, um ähnliches wie auf dem *carrier*, dem Träger, zu finden.

Die weiblichen Soldaten fotografiere ich nicht bei Eiern und Speck, was sie der Figur wegen auch gar nicht schätzen, sondern beim Kaffee, während sie in Modemagazinen blättern. Sie debattieren und kokettieren, mit welchem neuen Dreß sie wohl beim nächsten Urlaub Mann und Kinder zu Hause überraschen könnten.

Für neun Uhr steht bei mir nun erst einmal eine Stunde lang »Brief for Helo flight« auf dem Programm. Vor dem eigentlichen Flug mit dem Helikopter, der für zehn Uhr eingetragen ist, bespricht der Pilot mit mir alle Einzelheiten des ungewöhnlichen Ausflugs. Er will wissen, was ich mir aus welcher Entfernung vorstelle, aus welchem Blickwinkel und so weiter. Mich begeistert wieder einmal die minutiöse Planung der Amerikaner. Sie sind es gewohnt, Journalisten wie Politiker zu Gast zu haben.

Guter Kontakt zur Politik hat sich für die US-Navy bislang bezahlt gemacht. Ohne den schon fast legendären Senator Stennis aus Mississippi hätten die Volksvertreter auf Capitol Hill niemals Milliarden für noch modernere Schiffe bewilligt. Es ist nur folgerichtig, daß dieser 100.000-Tonnen-Carrier USS Stennis heißt.

Einen Hotelbetrieb gibt es hier dennoch nicht. Monika und ich schlafen in etwas vornehmeren Zweibettenkajüten, wobei eine der beiden Damen im Offiziersrang gerade auf Urlaub ist.

Ein deutscher Kollege, der einmal die Forrestal im Mittelmeer vor Neapel bei der 6. Flotte besuchte, gibt gern eine Geschichte zum besten, die ihm während einer nächtlichen Wanderung durch den Irrgarten der Gänge dieses Flugzeugträgers widerfuhr. Mitten in der Nacht krabbelte er schlaftrunken aus seiner Koje in der Einzelkabine des Ehrengastes, um draußen die Toilette zu suchen – vergeblich. Daraufhin fragte er die wenigen Matrosen, die ihm begegneten. Die deuteten in irgendeine Ecke, wohl, weil sie vermuteten, daß er das strikte Alkoholverbot auf allen Flugzeugträgern leichtfertig umgangen hatte. Als ihm plötzlich ein schwer bewaffneter Elitesoldat der Marines den Weg versperrte, registrierte er ein großes Schild, auf dem »Special Weapons Section« stand. Demzufolge war er bereits bei den Atomwaffen gelandet. Hier gebe es keine Toilette, schnauzte ihn der Marines an, der sich offensichtlich nicht ernst genommen fühlte. Der Kollege mußte ausharren, auch wenn es ihm fast die Blase gesprengt hätte, bis ihn ein Matrose erst zu einer Toilette und dann in seine Kabine zurückführte.

Mir kann dergleichen nicht passieren, da Toilette und Dusche unmittelbar neben meiner Kajüte liegen. In den kilometerlangen, fensterlosen Gängen der 24 Stockwerke hängen überall Hinweisschilder, von denen sich die Navy für jene Orientierung verspricht, die vom Weg abgekommen sind. Ich weiß nicht, wie andere dies leisten. Mir gelingt es nicht. Aber da die Hälfte aller militärischen Dokumente ohnehin aus Abkürzungen besteht, liegt nahe, für Wegweiser ebenfalls Symbole zu benutzen. So erwartet den Besucher der Stennis ein kleiner Prospekt mit dem Titel »Welcome Aboard«. Alle Symbole finden sich dann erklärt. Ein typisches Hinweisschild habe ich fotografiert. Auf ihm ist vermerkt: 01 - 170 - 3 - Q FR 170 - 174 X3.

Wer es entschlüsseln kann, weiß, in welchem Stockwerk er sich befindet, ob vorne oder hinten im Schiff, ob links oder rechts und wer die umliegenden Räume nutzt. Willkommen an Bord.

Meine Zimmergefährtin bekomme ich zunächst nicht zu Gesicht. Sie hat gerade 20 Stunden Dienst, was durchaus keine Seltenheit ist. Danach sind vor dem neuen Dienst nur vier Stunden Schlaf eingeplant. Ein Rhythmus wie im Krieg.

Anne, so heißt sie, hat mir einen Zettel hinterlassen. »Willkommen«, steht da, wie zu erwarten, und: »Das obere Bett ist für dich. Eine Schublade in der Kommode haben wir für dich auch ausgeräumt.« Das rührende Postskriptum: »Bitte fotografiere nicht mein Durcheinander.«

Es gibt auch weibliche Piloten auf amerikanischen Flugzeugträgern, aber leider nicht auf der Stennis, als wir da sind. Dafür hat unser Schiff eine ungewöhnliche Befehlshaberin vorzuweisen. Janice, 36, befehligt 90 Männer eines kleinen Hubschraubergeschwaders. Für sie ist das ganz normal. Keiner ihrer männlichen Soldaten muckt jemals auf. Was ihr eher zu schaffen macht, sind ihre Freunde zu Hause. Die werfen ihr vor, eine Rabenmutter zu sein. Monika notiert, was sie darüber erzählt: »Ich wurde abkommandiert, als mein Sohn erst sechs Monate alt war. Als ich ihn das erste Mal wiedersah, war er schon ein Jahr alt. Mir kam es so vor, als fehlte mir ein ganzes Stück Leben. Wenn du dich für diesen Beruf entscheidest, brauchst du viel Kraft und ebensoviel Verständnis von denen, die dich lieben.«

Ich würde gern Männer auf der Stennis aufnehmen, wie sie sich ihrerseits in das Zusammenleben mit den weiblichen Soldaten fügen. Narda meint, ich sehe ja selbst, daß es außer den gemeinsamen Dienststunden keine Berührungspunkte gebe. Die Frauen wohnen für sich. So etwas wie ein Coffee-Shop existiert auch nicht, wo man miteinander schäkern könnte. Das wollen sie auch gar nicht. Alkoholverbot gilt für die Männer wie die

Frauen. Als ich nach einer Disco frage, meint Narda, ich würde einen Witz machen.

Narda ist immer zugegen. Kein einziges Mal versucht sie, mich an einer Aufnahme zu hindern. Sie hilft mir bei der Planerfüllung. Trotz Narda stürzen sich bei meinem ersten Erscheinen auf dem Flugdeck gleich fünf Männer auf mich. Sie haben es dabei gar nicht auf mich abgesehen, das hätte Narda bestimmt verhindert.

Vielmehr stürzen sie sich auf einen kleinen schwarzen Plastikdeckel eines Objektivs, der mir beim Wechsel aus der Hand geglitten war. Einer gibt mir schließlich den Deckel mit warnender Gebärde zurück. Narda klärt mich später auf. So ein winziger Gegenstand auf Deck, von der Düse eines Flugzeugs angesogen, kann im Triebwerk der startenden Maschine eine Katastrophe auslösen. Schon bei der Einweisung in Bahrain, spätestens aber beim ersten Briefing an Bord hat man mich darauf aufmerksam gemacht, daß ich nichts wegwerfen darf und ebenso darauf achten muß, daß ich nichts verliere. Zerknirscht muß ich zugeben, daß ich es vergessen habe. Ich hielt es einfach nicht für so wichtig.

In einer Pause während des Flugbetriebs versuche ich meinen Fehler wiedergutzumachen. Ich lege mich bäuchlings auf das schmutzige, heiße Deck, um mit der Kamera aus einer ungewöhnlichen Perspektive heraus festzuhalten, wie ernst man ein sauberes Deck auf dem Schiff für die Sicherheit der Piloten, der Mannschaft und des Flugzeugs nimmt.

Mehrmals am Tag formiert sich während kurzer Pausen eine lange Kette männlicher und weiblicher Soldaten quer über das Deck. Die Helme behalten sie alle dabei auf. Die Zeit ist knapp. Manche nehmen nicht einmal die dicke Brille ab. Nur die Handschuhe ziehen sie aus, weil sie mit denen kaum schnell und präzise zugreifen können. Gemessenen Schrittes und gesenkten Hauptes bewegen sie sich nur langsam vorwärts. Jedem Betrachter wird auf Anhieb klar, sie suchen etwas. So gründlich, als winke ihnen eine 1.000-Dollar-Prämie, falls sie auf dem Boden ein Schräubchen oder ein Stück Plastik finden.

Meine Positionen auf Deck bei Flugbetrieb sind ganz genau festgelegt. Gerate ich einmal über die mir vorgegebenen Grenzen, holt mich Narda notfalls mit hartem Griff in die Wirklichkeit zurück. »Du willst doch nicht vom Düsenstrahl geröstet werden«, lautet eines ihrer Argumente. Aber »Soll dich ein Triebwerk 30 Meter tief ins Wasser blasen« wirkt nicht weniger überzeugend.

Es geht auch so. Aufnahmen, die man fast romantisch nennen könnte, gelingen mir, als die Sonne hinter auf Deck geparkten Kampfbombern mit angeklappten Flügeln aufgeht. Vor diesem Stilleben joggen weibliche Soldaten.

Eine Nachtübung indes, bei der mit Gasmasken die Abwehr gegen mögliche Giftbomben von Iraks Saddam Hussein geübt wird, finde ich eher komisch. Narda meint, ich hätte einen merkwürdigen *sense of humor*. Auf der Stennis macht man schließlich solche Übungen nicht zum Spaß, da sie ja Krieg führen gegen den Irak und gelegentlich auch bombardieren.

Den amerikanischen *sense of humor* demonstriert mir Captain Roulstone bei meinem Abschiedsbesuch auf der Kommandobrücke. Makellos in schwarzblauer Uniform mit glänzenden Ordensspangen und der dominierenden weißen Schildmütze, meint er beiläufig, es sei nicht wichtig, ihn zu fotografieren. Es gebe bereits unzählige Fotos von ihm. Unser Anliegen seien doch die Frauen auf der Stennis. Er winkt eine junge Kadettin heran und postiert sie am Steuer. Ihr ist es offensichtlich peinlich, das traditionelle Holzrad in den Händen zu halten.

Aber es kann gar nichts passieren. Wo der Flugzeugträger hinfahren soll, hat der Captain längst in den Computer eingegeben.

An anderen Orten

Mein Lieblingsfoto ist die Großaufnahme von einer schwarzen Bäuerin in Südafrika, die lauthals lacht. Die Kamera habe ich ihr direkt vors Gesicht gehalten. Nicht gerade die optimale Perspektive für einen Schnappschuß. Aber das Foto kam auch so auf ungewöhnliche Weise zustande.

Ich bemühe mich um Bilder vom Bau einer Fabrik etwa zwei Autostunden von Johannesburg entfernt. Es handelt sich um eine Großbaustelle der traditionellen Art mit wenig Maschinen. Frauen schleppen Steine heran und mischen Mörtel. Die Umgebung ist nicht aufregend. Flache Felder, bereits kahl geerntet.

Etwas entfernt entdecke ich eine Frau, die offensichtlich nicht zur Baustelle gehört. Sie balanciert einen Sack auf dem Kopf und scheint direkt auf mich zuzukommen. Bald ist sie nahe genug, daß ich ihr langes Kleid mustern kann. Es ist bunt, die Grundtöne sind grün und blau. Der weiße Sack über dem schwarzen Gesicht macht sich gut dazu.

Ich überlege, ob ich sie gleich mit dem 300-mm-Objektiv von weitem aufnehmen soll. So rasch mir dieser Gedanke kommt, so schnell verwerfe ich ihn wieder. Was ich sehe, verlangt nach einer Großaufnahme. Mir ist bewußt, daß ich damit ein Risiko eingehe. Vielleicht beschimpft sie mich, wirft womöglich einen Stein nach mir.

Sie bemerkt sehr früh die Kamera. Aber ich kann aufatmen. Anscheinend findet sie Gefallen daran, daß ich sie fotografieren will. Denn sie kommt immer näher, nimmt den Sack vom Kopf und baut sich erwartungsvoll direkt vor mir auf. Ihre Arme winkelt sie an, fast wie ein Soldat. An dieser Habtachtstellung mitten auf dem Acker habe ich nun überhaupt kein Interesse. Doch ich will sie nicht brüskieren und drücke ab. Dann bedanke ich mich höflich, was sie stumm zur Kenntnis nimmt. Vermutlich hatte sie nie die Chance, Englisch zu lernen. Vielleicht hat sie sogar noch nicht mal die Schule besucht.

Sie scheint zufrieden zu sein, greift nach dem Sack und hievt ihn sich wieder auf den Kopf. Das ist der Augenblick, auf den ich gewartet habe. Jetzt will ich sie ganz groß. Mit diesem beeindruckenden Gesicht aus tausend Fältchen, die von den Augen nur schlaue Schlitze lassen. Sie merkt natürlich, daß ich mein Objektiv erneut auf sie eingestellt habe, und beginnt plötzlich zu lachen. So ein blödes Foto macht die jetzt von mir, mag sie dabei vielleicht denken. Aus meiner Sicht wird dieses Lachen grandios von der Kamera festgehalten. Freunden und Bekannten muß ich die Geschichte dieses Fotos immer wieder erzählen, denn es schmückt meine Visitenkarte.

Im allgemeinen bemühe ich mich darum, wenig Aufsehen zu erregen, um möglichst ungezwungene Aufnahmen zu bekommen. Ungekünstelte Bilder, aus dem Geschehen, aus der Bewegung heraus, sind mein Anliegen.

Am besten sollten mich diejenigen, die ich fotografiere, bei einer lebendigen Szenerie überhaupt nicht zur Kenntnis nehmen. Oder, wenn es sich im Rahmen eines vorgegebenen Auftrags schon nicht vermeiden läßt, ich halte mich so im Hintergrund, daß man mich bald wieder vergißt.

Schwarze Kleidung hilft mir in vielen Fällen dabei. Die trage ich bevorzugt bei der Arbeit, obwohl eigentlich Orange meine Lieblingsfarbe ist.

Schwarz ist überdies praktisch. Von einer schwarzen Weste läßt sich Staub einfacher abklopfen als von einer weißen Bluse. Darin würde ich schon nach kurzer Zeit ungepflegt aussehen. Mit der Kamera in der Hand, konzentriert auf gute Bilder, kann ich beim besten Willen nicht darauf achten, daß ich mich nicht schmutzig mache. Ich muß mich hinknien, auch hinlegen, wenn nur so gute Aufnahmen möglich erscheinen. Etwa auf einem Markt. Märkte in orientalischen oder südlichen Ländern erleichtern in vieler Beziehung die Arbeit. Dort herrscht lebendiges Chaos, in dem ich untertauchen kann. Ein ordentlicher deutscher Wochenmarkt ist in jeder Beziehung eine viel größere Herausforderung für die Kamera.

In meiner Lernphase ermunterte mich einmal ein erfahrener Kollege, ungewöhnliche Fotos von einer Hausfrau zu machen, die an einem Stand Gemüse einkaufte. Wie sie mit aufgesetztem Lächeln ein Bündel Karotten in die Kamera hält, wäre gewiß noch nicht mal eine Bereicherung fürs Familienalbum. Bei einem gelungenen Schnappschuß würde sie vielleicht gerade die Karotten kritisch prüfen, ob sie auch frisch sind. Oder sie würde mit der Bäuerin um den Preis feilschen. Oder eine Bekannte käme gerade des Weges. Bei all ihren Aktivitäten dürfte sie nicht merken, daß eine Kamera auf sie gerichtet ist.

Wenn es die Zeit gestattet und ich das Gefühl habe, es sei besser so, informiere ich hinterher selbstverständlich jene Personen, die ich auf öffentlichen Plätzen aufgenommen habe.

Der Zwang, sich um des guten Motivs willen selbst zurückzunehmen, bedeutet andererseits, daß ich auch von Natur aus keine Show-Frau bin. Deshalb zögere ich zunächst, als mich Beatrix Wilmes eines Tages fragt, ob ich bereit wäre, sie bei einer Filmproduktion zu unterstützen. Wir treffen uns zufällig beim Gartenempfang einer Hilfsorganisation in Bonn.

Sie erzählt mir, daß es in Deutschland noch immer sehr wenig Frauen gibt, die als freie Journalistinnen, zumal mit der Fotokamera, aus Krisengebieten berichten. Sie würde deshalb gern meine Arbeit und mich für das Fernsehen porträtieren. Sie selbst ist ebenfalls nicht fest angestellt und bekannt für gute Reportagen. Ihre Vorstellung ist, mich auf einige Reisen zu begleiten. Der Kameramann würde von Fall zu Fall angeheuert. Und um die

Reportage möglichst bunt zu gestalten, müßte sie auch mit Aufnahmen aus dem Privatleben angereichert werden.

Mich nimmt für sie ein, daß sie keine gestellten Bilder will, der Kameramann soll aus der Szene heraus filmen. Er weiß stets, worum es geht, ihren Text jedoch würde sie nach den Bildern richten und nicht die Filmaufnahmen im nachhinein in einen vorgegebenen Rahmen zwängen.

Noch etwas anderes macht sie sehr sympathisch. Sie ist gerade Mutter geworden und möchte bei allem Engagement lebensgefährliche Situationen bei den Dreharbeiten vermeiden. Das trifft sich mit meinen Absichten. Ich will schließlich nicht als Kriegsberichterstatterin mit Vorliebe für Fronteinsätze dargestellt werden. Zwar müßten wir gemeinsam nach Bosnien und in den Nahen Osten reisen, aber in diesen Krisengebieten wird, wenn wir Glück haben, während unseres Besuches nicht geschossen. Mein Ehemann ermuntert mich, zuzustimmen. Als erfahrener Journalist betrachtet er das Filmprojekt als eine neue journalistische Herausforderung für Beatrix Wilmes wie für mich.

Ich mache also mit. Einen detaillierten Drehplan gibt es nicht, auch wenn die Drehorte festgelegt sind. Der Sender und die verantwortliche Redaktion genehmigen einen Etat, an den sich die produzierende Journalistin zu halten hat.

Ich warne Beatrix Wilmes zuvor nochmals, daß in den Gegenden, in denen ich diesmal fotografiere, man vor Überraschungen nie gefeit ist. So, wie es eben in einer trockenen Jahreszeit auch mal regnen kann.

Israelische Panzerwagen transportieren Soldaten mit schußbereiten Waffen. Grimmige Gesichter allenthalben. Wir sind noch nicht lange in Gaza und nun unterwegs zu einem Markt in einem dieser trostlosen palästinensischen Flüchtlingslager, für die es keine Zeitrechnung gibt. Wir sitzen in einem arabischen Taxi und haben einen palästinensischen Journalisten dabei, der uns den Weg weisen und für uns übersetzen soll. Außerdem ist noch ein israelischer Kameramann mit von der Partie.

Plötzlich sperren die Israelis die Kreuzung vor uns ab. Was ist geschehen, daß die palästinensischen Polizeiposten mit einem Mal völlig überflüssig erscheinen? Die Israelis reden nicht mit uns, sie warten auf irgendwelche Befehle. Die Polizei Yassir Arafats hat erst recht keine Ahnung. Ich will nur eines, nämlich möglichst rasch mit dem Team weiterkommen.

Unser Fahrer behauptet, die israelische Sperre auf einem Schleichweg umfahren zu können. Das klingt gut, weil wir so hoffentlich schnell aus einer sich abzeichnenden Gefahrenzone herauskommen. Schließlich hatte ich Beatrix, die auf dem Rücksitz große Augen macht, zu Hause erzählt, daß das Reisen in Gaza längst harmlos ist.

Wir fahren los. Dabei habe ich völlig vergessen, daß auf unserem Taxi groß arabische Buchstaben prangen. Bestimmt steht da auch etwas von Palästina. Eigentlich hätte jemand ein Schild »Deutsches Fernsehen« anbringen sollen. Das hätte uns unverdächtig gemacht.

Ich nehme mir für den nächsten Tag vor, dies nachzuholen. Was ich nicht weiß, ist, weil es mir weder Fahrer noch Begleiter sagten, daß wir auf dem Schleichweg ganz nahe an einer israelischen Siedlung vorbeifahren, einer besonders wehrhaften Siedlung dazu. Und was wir zu dem Zeitpunkt alle nicht wissen: In der Nähe dieser Siedlung sind Minuten vorher Schulkinder gerade noch einem Sprengstoffanschlag palästinensischer Terroristen entkommen.

Wir sind erst 100, vielleicht 200 Meter weiter. Die israelischen Soldaten wie auch Arafats Polizei kümmern sich nicht um uns. Offensichtlich sind wir nicht die Akteure irgendeines Geschehens. Doch unser PKW ist den Siedlern suspekt. Im Straßengraben bemerke ich bewaffnete, uniformierte Palästinenser. Ich frage mich, ob das auch Polizisten sind.

Ich wünschte, wir könnten fliegen. Denn jetzt fallen Schüsse. Wir hören sie deutlich. Einige einschlagende Kugeln wirbeln Staub auf der Straße auf. Eine Kugel klatscht in die Karosserie unseres betagten Mercedes. Der Fahrer stoppt. Sind das Warnschüsse, die uns gelten? Oder Schüsse, die nur ihr Ziel verfehlt haben?

Beatrix und der Kameramann auf dem Rücksitz fragen entsetzt: »Ursula, was jetzt?« Im Auto bin ich die Erfahrenste. Irgendwo vor uns scheint eine richtige Schießerei in Gang zu kommen. Unser palästinensischer Begleiter will dort hin. Ich fauche ihn an, ob er verrückt geworden sei. Mit einem Kommandoton, den man bei mir nicht gewohnt ist, setze ich mich durch: »Sofort zurück.«

Nachdem wir die israelischen Panzerwagen und die Arafat-Polizei wieder hinter uns gelassen haben, denkt Beatrix doch gleich ans Filmen. Vor laufender Kamera, noch etwas aufgeregt, erzähle ich, warum ich unter keinen Umständen weiterfahren wollte und warum ich nichts von Fronteinsätzen halte.

Mit mangelndem Mut hat das für mich nichts zu tun. Ich bin wirklich nicht feige. Das habe ich oft genug bewiesen. Aber wer nicht gerade in selbstmörderischer Absicht unterwegs ist, muß sich ducken oder hinschmeißen, wenn geschossen wird. Und wie sollen da spannende Aufnahmen entstehen? Alles andere, was jeden Krieg so gespenstisch macht, ist aufregender. Aufnahmen vom Leiden der Zivilbevölkerung zum Beispiel, die stimmen, so hoffe ich, weit nachdenklicher.

Israels Fernsehen berichtet am Abend, daß dort, wo wir hinfahren wollten, unweit ein Palästinenser mit seinem PKW gestoppt wurde. Der aufmerksame israelische Posten entdeckte Dynamit im Wagen. Das war für den Schulbus bestimmt. Der

Palästinenser jagte daraufhin unvermittelt sich selbst und den Israeli in die Luft. Die Terrororganisation Hamas erklärt, sie sei verantwortlich für den Zwischenfall.

Beatrix und ich übernachten in einem Hotel am Meer. Gleich daneben hat Palästinenserführer Arafat in einer Strandvilla sein Domizil. Unserem israelischen Kameramann scheint diese Umgebung nicht koscher. Er fährt abends nach Tel Aviv und kehrt morgens zurück. Beatrix Wilmes überlegt ernsthaft, ob sie die Produktion abbrechen soll. Ich könnte es ihr nicht verübeln. Aber Gaza haben wir ja schon abgedreht, einschließlich der Hamas.

24 Stunden vor dem mißglückten Schulbusattentat war ich beim greisen Scheich Yassim, dem geistigen Führer von Hamas, in Gaza zu Gast. Die Israelis sehen so etwas nicht gern, aber ich bin ja nicht in ihrem Auftrag unterwegs. Denn wo immer möglich, möchte ich beide Seiten in einem Konflikt kennenlernen. Ich will vermeiden, Propagandist zu sein.

Eine Frau, die einen orthodoxen Moslemführer fotografieren will, ist ungewöhnlich. Es gelingt mir, Kontakt zur Umgebung des Scheichs herzustellen.

Zunächst die üblichen Fragen: warum, woher, wohin, für wen und wann. Ich will, sobald es geht. Dann will man wissen, was ich mir vorstelle. Das kann ich ohne Kenntnis von Zeit- und Treffpunkt vorab nicht sagen. Nur, daß ich statische Aufnahmen gern vermeiden würde.

Man sagt mir, im Falle eines Falles könnte ich ihn beispielsweise beim Lesen aufnehmen oder wie er sich das Programm des amerikanischen Fernsehsenders CNN anschaut. Eventuell auch, wie er betet. Fast beiläufig erfahre ich und spitze natürlich sofort die Ohren, daß er vor dem Beten stets gewaschen wird.

Schon am nächsten Tag ist es soweit. Vor dem Haus des Scheichs binde ich mir artig ein weißes Tuch um den Kopf, wie es seine Betreuer erwarten. Bei der Begrüßung werden keine

Hände geschüttelt, das ist unüblich. Es wird nur der Kopf geneigt, dabei die Hand auf die Brust gelegt.

Der Scheich ist ein alter Mann mit ungemein wachen Augen. Man hat ihn in einen Krankenstuhl gebettet. Ein Pfleger bringt ein arabisches Buch, hält es ihm so vor die Augen, daß er bequem lesen kann. Auf ein schwaches Handzeichen des Scheichs hin blättert der Pfleger die Seiten. Als nächstes steht Beten an, aber vorher erfolgt das Waschen. Das ist eine ungemein eindrucksvolle Prozedur. Solche Aufnahmen, wie sie mir nun gelingen, gibt es bislang vom Chef der Hamas nicht. Gleich zwei Pfleger bringen eine Schüssel mit Wasser. Vorsichtig wird der Kopf des Scheichs abgerieben, dann sind die Füße an der Reihe. Sein Mund wird sorgsam ausgespült.

Der saubere Scheich wird mitsamt seinem Sessel in Richtung Mekka gedreht. Er beschwört mit schwacher, aber fester Stimme für seine Besucher den Frieden im Nahen Osten. So beredt, daß man meinen könnte, Hamas sei eine Gruppe von Palästinensern, die sich der Gewaltlosigkeit verschrieben haben und Blumen verschicken, nicht Bomben.

In Gaza erlebt Beatrix, wie Berichterstattung aus scheinbar friedlichen Gegenden plötzlich in Krisenberichterstattung umschlagen kann. Außerdem zeigt unsere gemeinsame Reise, wie schwierig die Arbeit eines freien Fotografen mitunter ist.

Ich kann es mir nicht leisten, Fotos wie die ungewöhnlichen Porträtaufnahmen von Scheich Yassim oder Aufnahmen vom Chaos an der Straßensperre in irgendeinem Labor in Gaza entwickeln zu lassen, um sie dann auf gut Glück an Zeitschriften oder Zeitungen in Deutschland zu verschicken. Das müßte zudem via Satellit erfolgen und ist sehr teuer. Ich weiß ja auch gar nicht, ob eines dieser Fotos überhaupt gedruckt werden würde. Ich würde nur kostbare Zeit vergeuden.

Meine Chance liegt darin, daß mir auf einer Reise besondere

Fotos gelingen. Die werden erst nach meiner Rückkehr entwikkelt. Dann spreche ich mit Redaktionen, die Interesse an diesen Aufnahmen haben könnten.

Ideal ist es schon, wenn ich mit einem festen Auftrag unterwegs bin. Für Scheich Yassim hätte mir allerdings niemand einen Auftrag geben können. Wie hätte ich ahnen können, daß er mich empfängt und solche Bilder akzeptiert.

Für Gaza bringe ich einen Auftrag mit. Die deutsche Gesellschaft für Technische Zusammenarbeit, die GTZ, hat die Müllentsorgung in Gaza entscheidend verbessert und dafür großes Lob von allen Seiten erhalten. Ein erheblicher Teil des früher berüchtigten Drecks aus den Flüchtlingslagern ist nun verschwunden. Diese Leistung kann man optisch dokumentieren. Außerdem werden Aufnahmen von einer frisch gebohrten Wasserstelle in der Wüste gewünscht.

Manchmal vereinbare ich mit einer Redaktion oder einer Hilfsorganisation eine feste Summe für bestimmte Bilder. Davon muß ich dann auch meine Reisekosten bestreiten. Was ich nebenher noch an Aufnahmen schaffe, ist meine Sache.

Bei einer meiner Reisen nach Ruanda war ich zehn Tage unterwegs, um Straßenkinder zu fotografieren. Ich brachte 68 belichtete Negativfilme nach Hause. Das sind 2.448 Einzelbilder.

Drei Tage sitze ich dann am Leuchtpult und wähle die Negative aus, von denen Vergrößerungen gemacht werden müssen. Als Kriterien dienen neben dem Aufbau des Bildes die Belichtung und die Schärfe.

Wenn ich Dias mitgebracht habe, sitze ich hinterher mit der Lupe am Pult. Manchmal sind bei einer einzigen Szene so viele gute Bilder entstanden, daß mir die Entscheidung schwerfällt, welche Aufnahmen ich auswählen soll. Ein anderes Mal suche ich verzweifelt nach einem einzigen überdurchschnittlichen Foto des gewünschten Sujets.

Meistens verbrauche ich, wenn ich unterwegs bin, zehn Filme à 36 Aufnahmen am Tag. In die meisten Länder muß ich meine Filme aus Deutschland mitbringen, weil ich sie dort nirgends kaufen könnte.

Es kann dann passieren, daß sich die aufregendsten Bilder auf den letzten drei Filmen zusammendrängen. Der Alptraum jedes Fotojournalisten ist, daß er ausgerechnet dann keinen einzigen Film mehr in der Tasche hat, wenn das Geschehen um ihn herum erst richtig spannend wird. Oder, daß eine Szene ihren Höhepunkt erreicht, wenn der Film gewechselt werden muß und die zweite Kamera versagt.

Ob die NATO bombardiert? Das ist die Frage des Tages. Was Beatrix wohl jetzt von mir hält. Wir sind in Bosnien unterwegs, keiner kann sagen, was hier demnächst geschehen wird. Die Aufnahmen in der Nähe von Banja Luka sind jedoch seit langem geplant. Ich kann sie nicht einfach verschieben. Es geht um ein Projekt von CARE Deutschland, bei dem beispielhaft das neue Zusammenleben von orthodoxen Serben und muslimischen Bosniern gefördert werden soll.

Moslemfrauen und orthodoxe Frauen, die seit vielen Jahren im Dorf bereits gemeinsam gelebt haben, klettern jetzt wieder zusammen auf den Trümmern der Moschee herum. Die Kirche der Orthodoxen steht noch. Die Moschee aber haben die Serben so gründlich zerstört, daß selbst vom ehemaligen Lüster des Gebetsraumes nur Metallsplitter übrig sind.

Einige alte Männer, Muslime und Orthodoxe, unterhalten sich darüber, ob dieser Bruderkrieg notwendig war. Wo die jungen Männer aus dem Dorf geblieben sind, weiß keiner. Aber vielleicht behaupten sie das auch nur.

Alle sagen, die Jungen werden zurückkommen, sobald im Dorf der Wiederaufbau beginnt. Manche Häuser müssen bloß ausgebessert werden. Andere sind komplett zerstört. Die Leute haben ganz augenscheinlich kein Geld. Vielleicht wird es mit Hilfe der CARE vorangehen, meinen sie.

Am nächsten Tag fallen im Kosovo die ersten Bomben. »Ausländer raus aus der bosnischen serbischen Republik«, dazu fordern uns nicht die Serben auf. Sie wünschen sich, daß wir bleiben.

Diese Warnung übermitteln uns französische Soldaten an einer Straßensperre als Aufforderung der westeuropäischen Regierungen, von denen sie hierhergeschickt worden sind. Meine Begleiterin und der Kameramann fügen sich. Wie in Gaza haben wir auch hier praktisch schon abgedreht. Ich habe zudem für CARE rührende Beispiele rückkehrwilliger Bauern aufgenommen, die wieder alle zusammenleben wollen, wäre da nicht die Politik.

Ich will noch Aufnahmen machen, die nicht unbedingt zu meinem Auftrag gehören. Mich interessieren alte islamische Grabsäulen mitten im Gebiet, in dem bosnische Serben gemäß den Verträgen allein regieren. Mein Mann begleitet mich. Gemeinsam finden wir Serben, die uns in ihrem PKW zu den Gräbern bringen werden. Die Soldaten an der Straßensperre schütteln den Kopf über so viel Unverstand. Serbische Banden sollen dort umherziehen.

Die Warnung hätten sie sich schenken können. Es gibt eben auch antiserbische Propaganda. Ein anderer Hinweis wäre viel wichtiger gewesen. Nämlich, die Straße niemals zu verlassen, weil gerade um den von uns besuchten Friedhof herum noch viele Minen aus der Zeit früherer Kämpfe liegen. Niemand hat sie bis jetzt weggeräumt.

Von den Minen erfahren wir erst, als wir nach dem Friedhofsbesuch wieder in unserem serbischen Privattaxi sitzen. Da gratulieren uns die beiden Serben, daß wir heil zu ihnen zurückgekehrt sind.

Vor Minen habe ich Angst wie vor Streubomben, die den Minen sehr ähnlich sind. Ich habe in Krankenhäusern und Notstationen mehrerer Länder verstümmelte Opfer von Minen fotografiert. Meistens Kinder, weil sie unachtsam sind und im Kosovo sogar leichtsinnig mit herumliegenden amerikanischen Streubomben spielen, bis sie explodieren.

Bei einer Explosion werden einem sechs Jahre alten Jungen beide Beine bis zum Knie abgerissen. Ein anderes Kind verliert beide Unterarme und erblindet. Ein drittes Kind wird von nun an ohne einen Arm und ohne ein Bein leben müssen. Ein viertes Kind ist auf der Stelle tot. Den Anblick der verstümmelten Kinder kann ich lange nicht vergessen.

Ein einziges Mal lege ich auf dem Balkan eine Panzerweste an, setze den vorgeschriebenen Stahlhelm auf und vergesse auch den Schirm aus Panzerglas nicht, der bei einer Explosion die Augen vor Splittern schützen soll. Dann knie ich neben den Minenräumern der UNO und fotografiere, wie sie Meter für Meter den Boden abtasten und mit ihren Meßgeräten immer wieder Tellerminen aufspüren.

Bisher hatte ich Glück mit Minen. Was heißen soll, daß ich es bestimmt nicht herausfordern werde. Vom belagerten Sarajewo aus versuchte seinerzeit ein ZDF-Team, den von Serben eingeschlossenen Ort Srbrenica zu erreichen. Jenes Srbrenica, wo später 6.000 Moslems von Serben ermordet wurden, während UNO-Soldaten abseits standen. – Der Ort ist damals bereits hermetisch abgeschlossen. Mein Mann, als ZDF-Korrespondent, glaubt an eine gewisse Chance, indem er zwei Serben für Kamera und Ton beschäftigt. Ich darf mich der Gruppe anschließen, denn es macht sich gut bei den Soldaten, wenn eine Frau dabei ist.

Wir fahren mit dem Jeep aus Sarajewo heraus. Passieren mehrere serbische Sperren, fragen, ob wir auf dem richtigen Weg nach Srbrenica sind. Überall sind zerstörte Häuser. Es gibt keine

Hinweisschilder mehr. Es folgt ein Straßentunnel, in dem die Fahrbahn mit Trümmern übersät ist, danach ein Dorf. Nur Ruinen stehen dort, tote Kühe mit aufgedunsenen Bäuchen liegen herum, zwischen ihnen trampeln lebende Kühe.

Wo Kühe sind, gibt es auch Menschen, behauptet mein Mann. Er spaziert durch die Ruinen, bis wir weiterfahren. Plötzlich sehen wir einen Haufen Serben, Tschetniks. Mit ihren Bärten wirken sie auch ohne Maschinenpistolen und Handgranaten furchteinflößend. Sie trinken Kaffee und schlürfen Slivowitz. Sie sind völlig überrascht, uns zu sehen.

Wir stoßen mit ihnen auf ein langes Leben an. Von wo seid ihr eigentlich hergekommen, wollen sie wissen. Unsere beiden Serben erklären den Weg. Sie fragen nach, ob wir etwa den Straßentunnel passiert haben. Daraufhin gießt einer noch mal die Gläser voll: »Dort fahren ja selbst wir nicht lang. Da ist alles vermint.«

Sie lassen uns auch nicht nach Srbrenica weiterfahren. »Das geht auf keinen Fall. 50 Meter von hier liegen die ersten Minen quer über die Straße.«

Ich werde noch nachträglich blaß. Mein Mann meint, ich hätte auch gezittert. Einer der Tschetniks bringt uns später heil über die Berge auf Umwegen nach Sarajewo zurück.

»Mit Kamera und kugelsicherer Weste« heißt das Porträt, das Beatrix Wilmes von mir produziert hat. Ich bin glücklich, daß auch meine Aufnahmen von roten Rosen darin vorkommen. Blumen, vor allem Rosen, sind gar nicht so einfach zu fotografieren. Glitzernde Wassertropfen, gebrochene Sonnenstrahlen, eine aufregende Komposition mehrerer Blüten können einen besonderen Hauch von Erotik verströmen.

Vielleicht brauche ich von Zeit zu Zeit einen solch üppigen, in Farbe schwelgenden Kontrast, um mich vom tristen Alltag der

Krisengebiete und dem ganzen Elend der Straßenkinder zu lösen. Dazu gehört auch, daß ich mich dann den Aufnahmen einer Winzerin in Rheinhessen inmitten ihrer heilen Welt der Öko-Weinberge genauso intensiv widmen kann, wie danach den Aufnahmen von Kindersoldaten in Sierra Leone.

Meine Ausrüstung ist auf einen Rucksack und einen Handkoffer verteilt. Ab und zu stelle ich sie auf die Waage, um zu sehen, was ich so mit mir herumschleppe. Ich komme nie unter 30 Kilo. Physisch halte ich das durch, weil ich relativ groß und kräftig bin und seit meiner Kindheit Tennis spiele. Deswegen habe ich auch einen guten Muskelaufbau. Außerdem rauche ich nicht. Eine kleine, zarte Kollegin ist mir im Ausland bislang noch nirgends begegnet.

Es piepst wieder einmal beim Zoll im Flughafen eines Entwicklungslandes. Die Ursache ist mein Metallkoffer. Ich muß warten, bis sie mich gecheckt haben. Dagegen habe ich nichts einzuwenden. Allerdings überlasse ich ungern Kameras, die an die 20.000 DM kosten und mein einziges Vermögen darstellen, einem neugierigen Zöllner zum Spielen. In solchen Fällen halte ich den Uniformierten einen internationalen Presseausweis der Sonderklasse vor die Nase.

Das ist ein imposanter roter Druck auf goldenem Leder. Gleich in mehreren Sprachen werden alle Behörden gebeten, den Inhaber bei seiner Arbeit zu unterstützen. Er enthält viele Unterschriften und viele Siegel. Ein Dokument, bei dem ein Hotelportier in Wien, wenn er es gesehen hat, gleich »Frau Doktor« zu mir sagt.

Beim fremden Zoll bestehe ich darauf, bei den ersten Schwierigkeiten den Chef zu sprechen. Aber dazu kommt es dann in der Regel nicht. Die Uniformierten an der Sperre drehen den Sonderausweis hin und her, bis sie sich herablassen zu einem »You may enter«, »Welcome«, »Ahlan wa sahlan« oder schlicht: »Passez«.

Die Deutsche Bibliothek – CIP-Einheitsaufnahme

Mit Kamera und kugelsicherer Weste : der ungewöhnliche Alltag einer Kriesfotografin / Ursula Meissner ; Heinz Metlitzky. – Frankfurt : Eichborn, 2001
ISBN 3-8218-1674-0

Umschlaggestaltung: Irma Schick
unter Verwendung von Fotografien von © Ursula Meissner
Fotografien: © Ursula Meissner
Lektorat: Palma Müller-Scherf
Satz: Fuldaer Verlagsagentur
Druck und Bindung: GGP Media, Pößneck
ISBN 3-8218-1674-0

Verlagsverzeichnis schickt gern:
Eichborn AG, Kaiserstraße 66, D-60329 Frankfurt am Main
www.eichborn.de